www.tredition.de

Über das Buch:

„Von Losern und Quietschmäusen" ist eine ebenso unterhaltsame wie provokante „Antwort auf lieblose Zeiten". Anhand einiger Episoden aus dem Leben seines fiktiven Helden Lars schildert Rechtsanwalt Dr. Olaf Jansen die Verklemmtheit und den erotischen Notstand deutscher Nachkriegszeit sowie die schrecklichen und schrillen Folgen ihrer rigiden und repressiven Erziehungsmethoden. Wem alles Erotische und Sexuelle von Kindesbeinen an zur Sünde erklärt wird, dem gerät das Erwachsenwerden zu einer von unerreichbaren Sehnsüchten getriebenen und von apokalyptischem Schuldwahn gehemmten Schlitterpartie. Der lernt aber bestenfalls auch, durch die Härte, nicht Verhärtung des Denkens der zwischengeschlechtlichen Realität beizukommen und sich so einen ironisch-zynischen Schutzpanzer zuzulegen, hinter dem sich der „freizügige" Moralist unschwer erkennen lässt. Das Buch gibt im Kern der Hoffnung Ausdruck, dass sich Männer und Frauen in einer gar nicht allzu fernen Zukunft unverstellt begegnen.

Über den Autor:

Dr. Olaf Jansen, geb. 1948 in Lübeck. Lebt als Rechtsanwalt in München.

Olaf Jansen

Von Losern und Quietschmäusen

Eine Antwort auf lieblose Zeiten

www.tredition.de

© 2013 Olaf Jansen

Lektorat, Korrektorat: Dr. Martin Brinkmann

Verlag: tredition GmbH, Hamburg
ISBN: 978-3-8495-6737-8
Printed in Germany

Das Werk, einschließlich seiner Teile, ist urheberrechtlich geschützt. Jede Verwertung ist ohne Zustimmung des Verlages und des Autors unzulässig. Dies gilt insbesondere für die elektronische oder sonstige Vervielfältigung, Übersetzung, Verbreitung und öffentliche Zugänglichmachung.

Vorrede

„Das ewig Weibliche zieht uns hinan", heißt es im zweiten Teil von Goethes „Faust". Hierbei handelt es sich wohl um das bekannteste Wort vom größten Meister deutscher Dramatik und Dichtkunst. Doch muss es erlaubt sein, einmal nachzuhaken, wie der Mann zu dieser ebenso einfachen wie erhabenen Formel gekommen ist. Und was hat das mit Losern und Quietschmäusen zu tun? Das werden wir bald sehen …

In des Dichterfürsten Werken „Faust" und „Die Leiden des jungen Werther" finden zahlreiche Zwiegespräche statt, in denen das Verhältnis der Geschlechter zueinander eine wesentliche Rolle spielt. In „Faust I" bemüht sich der Titelheld gleichen Namens, durch eifriges Studieren die letzten ungeklärten Dinge des Lebens und der Welt zu entschlüsseln. Getreu dem zugrundeliegenden Volksmärchen bleiben allerdings alle Bemühungen vergebens. Herr Faust sieht sich daher veranlasst, dem Teufel seine Seele zu veräußern, auf dass er im Gegenzug von der zweiten Hauptfigur dieses Dramas, Herrn Mephisto, die gewünschten letzten Erkenntnisse über den Lauf der Welt gewinne. Wir sehen hier also einen durchaus fleißigen und ernsthaften Mann, der unsägliche Mühen in seine Studien steckt und schließlich bereit ist, ein angenehmes Sein in der Ewigkeit schon zu Lebzeiten aufzugeben, um eben zu diesen Lebzeiten bereits zu höchstem Wissen zu gelangen.

Im Laufe dieses Bemühens und des Handels mit Mephisto tritt nun Margarete auf den Plan. Faust entdeckt sie auf der Straße. Es ist offenbar Frühling. Er ist derart von ihrer Erscheinung angetan, dass er sie sofort anzubaggern versucht. Sie jedoch, sittsam und rein, weist ihn, wie es sich gehört, zurück und begibt sich in ihr Zimmerchen, welches sie zur Miete und/oder gegen Leistung von Haushaltsarbeiten bewohnt. Denn Margarete hat – klassisch – offenbar keine Ausbildung und auch kein Geld. Goethe beschreibt ihre Behausung als ein kleines reinliches Zimmer, in welchem Gretchen am Abend ihre Zöpfe flicht und aufbindet. Dabei macht sie sich Gedanken, wer denn wohl am Tag dieser edle Herr gewesen sein könnte, der sie auf der Straße so „keck" angesprochen hat.

Während also Gretchen noch verhältnismäßig kühl Aufschluss über Art und Stand dieser Straßenbekanntschaft zu erlangen versucht, schmachtet Herr Faust in herzlichster Ergriffenheit und süßer Liebespein im „Faust I" auf immerhin 43 Zeilen von dieser Begegnung, während Gretchen für ihre Überlegungen nur 6 Zeilen benötigt. Gegen Ende der liebestollen Verwirbelungen in der Gefühlswelt des Herrn Faust heißt es bei Goethe:

„Der große Hans (so lautet der dem Versmaß geschuldete Kurzname von Herrn Heinrich Faust, Anm. d. Verf.) ach, wie so klein!

läg hingeschmolzen, ihr zu Füßen."

Da haben wir es also, wie bei Goethe das Weibliche die Männer hinanzieht. Faust, der Hochgebildete, nach höchster Erkenntnis strebende und kein Opfer scheuende und auch finanziell nicht gerade dürftig ausgestattete suchende Wissenschaftler sehnt sich danach, sich Gretchen vor die Füße zu werfen. Hier geht es also eher hinab als hinan. Und dies scheint also das herrschende Schema zu sein: großer, finanziell unabhängiger Mann unterwirft sich der reizvollen Weiblichkeit, ohne sich zuvor für ihren Stand und ihre Vermögensverhältnisse zu interessieren, geschweige denn sich hierüber bei Auskunfteien oder sonstigen Dritten zu erkundigen.

Und Gretchen ist nun wirklich kreuzbrav, mit einem guten Herzen ausgestattet und ausgesprochen reinlich. Hierzu passt, dass sie keine komplizierten Fragen stellt, sondern schwierige Dinge lieber dem Herrgott überlässt. Gleichwohl ahnt sie, dass es doch noch kompliziertere Dinge gibt als nur den Glauben. Nach längerer Bekanntschaft mit Herrn Hans – alias Heinrich – Faust räsoniert sie immerhin:

„Du lieber Gott, was so ein Mann

nicht alles, alles denken kann!

Beschämt nur steh ich vor ihm da

und sag zu allen Sachen ja.

Bin doch ein armunwissend Kind,

begreife nicht, was er an mir find't (ab)".

Sodann begibt sie sich vermutlich in ihr „kleines reinliches Zimmer", wie es bei Goethe beschrieben wird.

Und nachdem Gretchen sich endlich – nicht zuletzt wohl auch wegen seines hohen Standes – in Herrn Faust verliebt hat, stellt sie ihm immerhin, statt der sonst bisher üblichen dümmlichen Erkundigungen – „welches Sternzeichen bist Du, was hast Du, wie alt bist Du?" –, die dringliche Frage:

„Nun sag: Wie hast Du's mit der Religion?"

Und da sie seine komplizierten Ausführungen hierzu wiederum nicht versteht, bricht es nach längeren vergeblichen Versuchen, seine Gedankenwelt zu durchdringen, aus ihr heraus:

„Heinrich, MIR GRAUT VOR DIR!"

Damit ist der Höhepunkt der üblichen, ja klischeehaften Situation beschrieben: großer, wohlsituierter Mann verfällt einfachem hübschen Mädel und umgekehrt.

Was war es, was Herrn Faust bisher hinangezogen hat? Sicherlich nicht der Wunsch, Gretchen zu imponieren. Vielmehr war es sein unbändiger Wissensdrang, der ihn seit langem beherrscht hat.

Es gibt weitere Beispiele, in denen Goethe sein eigenes Wort, wonach sich ein Mann durch die Weiblichkeit nach oben gezogen fühlt, außer Kraft setzt. In „Die Leiden des jungen Werther" etwa schmachtet der hochempfindsame junge Werther eine etwa gleichaltrige Frau namens Lotte an. Seine Leidenschaft zu Lotte, die niemals ausreichend erwidert werden kann, geht so weit, dass sich Werther schließlich das Leben nimmt. Wir müssen zugeben, dass diese Geschichte selbstverständlich nur deshalb lesenswert ist, weil sie in verdichteter und damit überspitzter Form zu einem völlig unangemessenen Ende führt. Wenn die Geschichte nicht mit einer derartigen Dramatik gefüttert wäre, würde sich auch niemand für sie erwärmen. Denn wen würde es (damals und heute) interessieren, wenn ein gewisser Fritz-Theodor eine Kathrin heiß und innig und mit aller Leidenschaft liebt und begehrt, Katrin aber kein besonderes Interesse an Fritz-Theodor zeigt. Das würde keiner lesen wollen. Dafür würde niemand ins Theater gehen, um auch noch gegen Eintrittsgeld eine derartige Schmonzette auf sich einwirken zu lassen.

Immerhin zeigt sich in diesem Rührstück wiederum, dass ein Mann bereit ist, sich für eine Frau zum Affen zu machen und sich sogar umzubringen.

Und es kommt noch Schlimmer: Faust strebt wie jeder normale Mann den möglichst baldigen Vollzug des Geschlechtsverkehrs mit Gretchen an. Dieser Zeitpunkt reift heran, und als Faust unmittelbar vor einem spätabendlichen Date mit Gretchen steht, wird er hierzu ebenso lüstern wie lauernd von Mephisto gefragt: „Nun heute nacht?"

Faust: „Was geht dichs an?"

Mephisto: „Hab ich doch meine Freude dran."

Also erzeugt der ersehnte Beischlaf satanische Freude, kann mithin nicht gottgefällig sein und muss demnach als äußerst sündig qualifiziert werden. Diese Einschätzung eines elementaren menschlichen Bedürfnisses spiegelt offensichtlich die zu Zeiten Goethes (und teilweise noch heute) herrschende Meinung wieder.

Wer das alles sorgfältig liest und überdenkt, muss sich doch fragen: Das ewig Weibliche – zieht es uns nicht vielmehr hinab? Ist vielleicht nicht nur das Weib als Ziel sündig, sondern auch schon der Weg dahin als Vorbereitungshandlung eine sündige Untat?

Dies wird im Folgenden noch zu klären sein.

Kapitel 1

In jüngster Zeit scheint sich etwas zu ändern. Moderne Frauen beginnen, ihre natürliche, in sexueller Attraktivität begründete Überlegenheit und zunehmend ihre Intelligenz zu nutzen.

Die Männer sollten dies erkennen. Sie können dann viel Zeit und Energien sparen, die sie mit stümperhaftem und fruchtlosem Imponiergehabe gegenüber Frauen vergeuden.

Um zu begreifen, was hiermit gemeint ist, bietet es sich an, einige Episoden aus dem Leben eines Mannes anzuschauen, der kurz vor der Mitte des letzten Jahrhunderts das Licht der Welt erblickt hat. Alle diese Erlebnisse werden von den immer wieder wirren Verhältnissen zwischen Buben und Mädchen, von den vielfältigen Missverständnissen zwischen Männern und Frauen erzählen, so dass am Ende immer wieder die Formel „Männer – Frauen: viel Verdruss" steht. Eine willkürlich herausgegriffene Szene wird sogleich deutlich machen, was gemeint ist:

Lars, so soll die Person heißen, war etwa Mitte 20, als er zu Gast bei seinem damals besten Freund in Mailand war. Der Freund namens Ludwig hatte schon in seinem 20. Lebensjahr kurz nach dem Abitur seine Freundin Elvira geheiratet, weil sie von ihm schwanger war und ihre Eltern sie quasi gezwungen hatten zu heiraten. Als Lars nun nach dem gemeinsamen Abendessen mit beträchtlichem Alkoholgenuss wissen wollte, was man nun unternehmen könne, schlug Ludwig ihm vor, dass man seine Elvira gemeinsam poppen könnte. Elvira war ebenfalls betrunken und hatte deshalb nichts dagegen.

Lars war allerdings unschlüssig. Er hatte zwar schon von „einem flotten Dreier" gehört, aber selbst noch keinen mitgemacht. Ludwig warf Elvira aufs Bett und machte es Lars vor. Nun sollte Lars loslegen. Ihm war jedoch elend zumute, er traute sich nicht recht, er fand das auch unmoralisch und hockte sich eher widerwillig auf die auf dem Bauch liegende Elvira. Während sie ihn lockte und in ihrem Hamburger Dialekt lallte: „Nu mach schoun Altäh", versuchte Ludwig, seinen Freund in die richtige Position zu schieben. „Ech määk nichs", greinte Elvira. In der Tat konnte sie nichts merken, weil Lars' kleiner Mann nicht so recht mitmachen wollte. Elvira wurde nun unwirsch. Sie robbte in Richtung ihres Nachtschranks und riss einige dort aufbewahrte Pornoheftchen heraus, warf diese hinter sich in Richtung Lars. „Da, lies das äsma un dann mädest duddich wiedä!", höhnte sie in ihrer norddeutschen Mundart. Das war Lars' erster Dreier.

Wo steht der Mann heute, wie geht der Mann heute mit sich und dem weiblichen Geschlecht um? Das hängt sicher auch davon ab, wie seine Eltern und Freunde damit umgegangen sind. Die häufig so sinnlosen und verzweifelten Versuche vieler Männer, mit ihren halbwahren oder unwahren Frauengeschichten zu prahlen, sind nur ein trauriges Ergebnis des dauernden Unverständnisses. Deshalb muss man Lars in seiner Entwicklung von Kindesbeinen an beschreiben, damit einige seiner Erkenntnisse und aber auch Irrungen und vor allem Bosheiten verständlich werden.

Von seiner Mutter weiß Lars, dass er in einer kleinen Stadt in Pommern geboren wurde, wo sie eine Zahnarztpraxis errichtet hatte. In den letzten Kriegstagen ist sie mit ihm, den sie auf ihren Rücken gebunden hatte, und mit seinem Bruder, der in einem von ihr gezogenem Bollerwagen saß, vor den Russen mit vielen anderen Flüchtlingen in Richtung Westen getreckt. So nannte man das massenhafte Flüchten mit einem Minimum von Hab und Gut. Während dieser Trecks machten sich insbesondere die Briten einen Spaß daraus, im Tiefflug entlang den mit Flüchtlingen, insbesondere mit Müttern und ihren Kindern, alten Männern, Pferdegespannen und Handwagen vollgestopften Landstraßen zu rasen und mit Dauerfeuer aus Maschinengewehren die Flüchtlingsströme zu beschießen. Daher rannten die Flüchtlinge beim Herannahen eines Flugzeugs jeweils seitlich in die Felder, um ihre Überlebenschancen zu erhöhen.

Es hatte viele Tote und zerschossenes Hab und Gut gegeben, als Lars' Mutter mit seinem Bruder in Lübeck ankam. Dort fanden sie Unterschlupf bei einem entfernten Verwandten, der ihnen in seiner kleinen Villa widerwillig seine im Keller befindliche Garage zum Aufenthalt zuwies. Sein Auto, ein „Adler" der dreißiger Jahre, gab es nicht mehr. Es war beschlagnahmt worden, wie so vieles, das werthaltig war und noch für kriegstüchtig gehalten wurde. Wertsachen, wie Schmuck, Tafelsilber, Uhren etc., hatte Lars' Mutter aus gutem Grund auf den Treck nicht mitgenommen. Sie musste befürchten, von den Russen überholt, vergewaltigt und bestohlen zu werden oder auch von anderen Flüchtlingen, versprengten deutschen Militäreinheiten etc. beraubt oder beklaut zu werden. Sie hatte diese Dinge im Garten des verlassenen Hauses in der Ostzone vergraben, in der Hoffnung, später zurückkehren zu können, um diese Sachen wieder auszugraben und fort zu schaffen. Während Lars' Vater noch in jugoslawischer Kriegsgefangenschaft war, gelang es seiner Mutter, die damals noch ungesicherte Zonengrenze mehrmals zu überqueren und bei Nacht und Nebel einige Wertsachen wieder auszugraben und nach Lübeck zu bringen.

Lars hat nie erfahren, ob sie vergewaltigt wurde, ob er von seiner Mutter gestillt wurde oder ob sie ihn und seinen älteren Bruder durch anderweitig ergatterte Nahrung am Leben erhalten hatte. Dieses Thema wurde nie besprochen, da es ja mit der weiblichen Brust zu tun hatte. Darüber zu sprechen war offenbar ungehörig und deshalb tabu. Lars weiß nur aus späteren Erzählungen, dass alle unter ständigem unsäglichen Hunger litten und bei Nachbarn und den britischen Besatzungssoldaten um Essen bettelten. Seine Mutter hatte in den ersten Jahren nach dem Krieg keine Möglichkeit, in ihrem Beruf Geld zu verdienen. Sie ging hamstern, wie man das damals nannte. Das hieß, dass sie versuchte, mit kleinen Wertgegenständen bei Bauern im Umland etwas zu tauschen, wie ein paar Eier oder ein Stück Speck oder etwas Brot. Es gab das zu essen, was sie gerade ergattern konnte. Wie er später erfuhr, hatte Lars' inzwischen aus der Gefangenschaft zurückgekehrter Vater auf dem Schwarzmarkt noch mit damals gültiger alter Reichsmark und wohl auch einigen früher gehorteten Devisen zusammen mit einem Verwandten amerikanische Zigaretten auf dem Schwarzmarkt eingekauft und diese ebenso schwarz gegen Nahrungsmittel verhökert. So konnten sie mühsam, wenn auch mit Mangelerscheinungen wie einer Trichterbrust, überleben.

Das Bewusstsein von Klein-Lars beginnt in der Zeit, als das damals sogenannte Quartieramt die Familie einige Straßen von der Garage entfernt in ein Mansardenzimmer in einer in einem Garten nahe am Stadtpark gelegenen einfachen Villa einwies. Dort durften sie die Küche und die Toilette, nicht aber den Garten der dort einheimischen Bewohner mitbenutzen. Obwohl beide Eltern promovierte Akademiker waren (der Vater wurde später Staatsanwalt), wurden sie ständig als Menschen zweiter Klasse behandelt. Freiwillig wurde ihnen nichts gegeben. Sie durften nichts aufsammeln, etwa Fallobst im Garten. Wenn irgendetwas fehlte oder gar gestohlen war, waren es immer die Flüchtlinge gewesen. Es gab kaum Butter, es gab kein Obst. Das Butterpapier wurde sorgfältigst mit dem Messer abgeschabt. Es wurde ebenso sorgfältig mit der Innenseite in der Pfanne verrieben, damit dort wenigstens beim Braten von eingesammeltem Gemüse oder gehamsterten Kartoffeln ein Fettfilm entstand. Die jedem Bürger zugesandten Lebensmittelmarken wurden sehr sorgsam verwaltet. Zuweilen wurden sie aber auch gestohlen, was wiederum eine Katastrophe im Ernährungsplan auslöste. Diese Lebensmittelkarten wurden Lars' Eltern teilweise von besser situierten Verwandten mit der Post zugeschickt, kamen aber zum großen Teil nie an. Die Mutter hatte den Postboten in dringendem Verdacht, solche Sendungen zu unterschlagen. Sie hatte ihn einmal beobachtet, wie er mit einer starken Taschenlampe einen Brief durchleuchtete. Seitdem nannte sie ihn den Butterfresser.

Schließlich wurde Lars' Familie die erste Etage in der Villa zugewiesen. Sie bestand aus drei Zimmern, einer provisorischen Küche und einem provisorischen Bad. In das zuvor von der ganzen Familie bewohnte Mansardenzimmer wurde als Untermieter zunächst ein Zollbeamter namens Herr Miese eingewiesen. Nach Lars' Erinnerung war er ein sehr bleicher Mensch mittleren Alters, der den Krieg offenbar unversehrt überstanden hatte. Er war äußerst ruhig, geradezu spießig und – wie man heute sagen würde – nicht im Entferntesten irgendwie sexy. Irgendwann zog dieser farblose Mensch aus. An seiner Stelle wurde ein Herr Hering eingewiesen. Herr Hering hatte ein gelbliches, sehr flaches ovales Gesicht mit einer Narbe, die von einer Mensur herrührte, wie Lars später erfuhr. Ansonsten war er unversehrt. Er trug eine flache und etwas zu große Brille aus dem damals sehr einfachen Sortiment der Krankenkassen. Herr Hering war genauso farblos und ruhig wie Herr Miese. Man bemerkte ihn kaum, obwohl im ersten Obergeschoss das Knarren der Dielen aus dem darüber gelegenen Mansardenzimmer hin und wieder zu hören war. Herr Hering war Staatsanwalt, also ein Kollege des inzwischen ebenfalls zum Staatsanwalt berufenen Vaters. Auch Herr Hering zog eines Tages aus. An seine Stelle rückte ein Herr Scholz nach.

Auch Herr Scholz war wie die bisherigen Vormieter körperlich völlig unversehrt und in einem ähnlichen mittelalterlichen Zustand, schätzungsweise 40 bis 45 Jahre alt mit gelblichen dünnen Haaren. Herr Scholz war ein etwas untersetzter Mann mit einem leicht rötlich gefärbten Gesicht. Allerdings war Herr Scholz ein fröhlicher und gesprächiger Mensch, den Lars und sein Bruder in seiner Mansarde gerne besuchten, weil er mit ihnen herumtobte und Geschichten erzählte. Er war wohl keine Schönheit, aber viel sympathischer als die beschriebenen Zimmerherren vor ihm. Er wurde des Öfteren von einer hübschen jungen Frau besucht, die er als seine Verlobte bezeichnete. Seine Verlobte wurde als Fräulein Schöning vorgestellt. Herr Scholz nannte sie Karin. Wenn Fräulein Schöning zu Besuch kam, verließen Klein-Lars und sein Bruder Herrn Scholz und das

Mansardenzimmer und gingen die Treppe hinunter in die Wohnung der Eltern im ersten Obergeschoss.

Die Besuche von Fräulein Schöning fanden meist am Wochenende statt, also zu einer Zeit, in welcher auch Lars' Eltern zuhause waren. An dem hörbaren Knarren der Dielen des Mansardenzimmers konnte man erkennen, dass oben wiederum getobt wurde, diesmal allerdings zwischen Herrn Scholz und Fräulein Schöning. Die Eltern schauten in solchen Fällen etwas verlegen an die Decke, sodass Lars und sein Bruder immerhin spürten, dass oben irgendetwas geschah, was den Eltern nicht so angenehm war. Denn sie stellten in diesen Fällen das neuerworbene Radio lauter oder gaben den Kindern einige Aufgaben, die in der Küche zu erledigen waren, wo das Toben nicht zu hören war. Nach diesem Toben kamen Herr Scholz und Fräulein Schöning meistens etwas erhitzt die Treppe herunter. Sie grüßten freundlich und gingen dann im gegenüber liegenden Stadtpark spazieren. Herr Scholz kehrte nach einiger Zeit allein zurück, begab sich in sein Mansardenzimmer, wo die Kinder ihn wieder besuchen konnten, um mit ihm zu toben. Sie hielten sich dort lieber auf als in der darunter liegenden Familienwohnung. Denn die Eltern gingen sowohl miteinander als auch mit ihren Kindern nicht sehr liebevoll um. Sie stritten sich häufig, wobei der Vater den weitaus bösartigeren Teil beitrug. Hierbei wurde er seinerseits von seinem Vater Diethelm, Lars' Großvater, auch noch energisch unterstützt, wenn der gerade zu Besuch gekommen war.

„Ihr Adligen bildet euch immer noch ein, etwas Besseres zu sein als die von euch sogenannten ‚Bürgerlichen'. Ihr habt die Kriegstreiber und letztlich Verlierer, Kaiser Wilhelm, Adolf etc., immer fleißig unterstützt.

Damit habt ihr an der Katastrophe in diesem Land maßgeblich mitgewirkt. Wir aber, die sogenannten Bürgerlichen, wir haben das Land zur Blüte gebracht, anstatt es auszusaugen. Wir haben tatkräftig an der Schaffung von Volksvermögen, Macht und Einfluss dieses Landes mitgearbeitet."

So ging es immer, wenn Großvater Franz Diethelm zu Besuch kam. Sein Lieblingsthema war es, auf Lars' adliger Mutter herumzuhacken.

Die Mutter stammte aus einer Familie des Pommerschen Uradels. Viele ihrer Verwandten, Onkel, Großonkel und Vettern, hatten schon zu Kaisers Zeiten und früher eine Militärkarriere eingeschlagen, da jeweils nur der älteste Sohn das landwirtschaftliche Gut erben konnte. So war auch der Großvater mütterlicherseits als dritter Sohn von der Erbfolge des Landgutes ausgeschlossen. Er hatte ebenfalls traditionsgemäß eine Militärkarriere eingeschlagen. Das Kasernengebrüll war ihm dann jedoch zu dumm geworden. Im Übrigen hatte er sich wohl als rabiater junger Mann einige Körperverletzungen und Beamtenbeleidigungen zuschulden kommen lassen. Er war auch in späterem Alter recht jähzornig und schlug schnell zu, wenn ihm etwas in die Quere kam. Ein solcher Grund hat wohl auch dazu geführt, dass er 1910 mit seiner Verlobten Dorothea – kurz: Dora – in die damalige Kolonie Deutsch Südwest-Afrika auswanderte und dort Farmland zur Züchtung von Karakulschafen und Rindern erwarb. Sein Entschluss wurde vermutlich auch durch entsprechende Amnestiegesetze für auswanderungswillige Straftäter gefördert. Er kam schnell zu erheblichem Wohlstand. Alsbald wurden dort auch Lars' Mutter und deren Bruder geboren.

Der Großvater hatte sich wohl nicht damit abfinden können, dass nach dem verlorenen Ersten Weltkrieg die Briten die deutsche Kolonie übernahmen und sie unter das Protektorat von Südafrika stellten. Denn eines Tages erschienen zwei britische Soldaten auf der Farm des Großvaters und begannen ihm auf Englisch zu erklären, dass dies nunmehr britisches Hoheitsgebiet sei, dass er aber durchaus bleiben könne, wenn er sich den britischen Regeln unterwerfe. Die Soldaten konnten kaum ausreden, als der Großvater sie in deutscher Sprache anherrschte, dass hier Deutsch gesprochen werde. Denn Deutsch sei eine Weltsprache. Als die Soldaten ihm weiter in englischer Sprache die neue Zeit zu erklären versuchten, befahl der Großvater seinem schwarzen Vorarbeiter, dem Engländer einige Schläge zu verpassen. Der Vorarbeiter wusste, wer sein Boss war. Er kam diesem Befehl sofort nach.

Einige Zeit später erschienen zwei bewaffnete britische Offiziere, die dem Großvater einen Ausweisungsbefehl mit ungefähr folgendem Inhalt vorlegten: Er habe binnen kurzer Frist nur mit tragbarer Habe und höchstens hundert Schilling mit dem nächsten Frachtschiff, bei lebenslangem Verbot der Rückkehr, das Land mit seinen beiden Kindern zu verlassen. Seine Frau Dora war einige Jahre zuvor an akuter Blinddarmentzündung und Blinddarmdurchbruch gestorben, nachdem sie wegen schlechter Transportmöglichkeiten zu spät in die Landeshauptstadt Windhuk zur Operation gebracht werden konnte. So musste der Großvater mit Lars' Mutter unter Zurücklassung seines gesamten Vermögens das Land endgültig verlassen. Auf der Überfahrt auf einem britischen Handelsschiff nach Europa musste er die englische Schiffsmannschaft bedienen. Sobald er dies nicht zur vollen Zufriedenheit der englischen Herren erledigte, wurde er zur Strafe unter Deck – auch mit anderen zwangsweise repatriierten deutschen Kolonisten – in einen Holzverschlag gesteckt, vor dem ein Schwarzer zum Hohn mit einer hölzernen Gewehrattrappe die Gefangenen bewachte. Das hatten sich die Briten zur besonderen Demütigung unbotmäßiger Gegner ausgedacht, zumal die schwarzen Einwohner der Kolonien seinerzeit in ihrem Sklavenstatus rechtlich eher als bewegliche Sachen des jeweiligen Kolonialherren behandelt worden waren. Es war also kein Wunder, dass der Großvater nicht gut auf die „Tommys" zu sprechen war und später, als inzwischen etwas gealterter Offizier, mit Begeisterung in den Zweiten Weltkrieg zog.

Zunächst kehrte er mit seinen beiden kleinen Kindern in sein Ursprungsland Pommern zurück. Dort wurden sie von ihren Verwandten als mittellose Flüchtlinge nicht gerade begeistert aufgenommen. Immerhin kam der Großvater mit einigen fantasievollen Geschäften wieder zu Geld. Er verschaffte Lars' Mutter als erster Tochter in der gesamten Familiengeschichte die Möglichkeit, Medizin zu studieren und nach erfolgreichem Abschluss eine Zahnarztpraxis zu eröffnen. Er war trotz wilhelminischer gutsherrlicher Prägung insoweit seiner Zeit ein Stück voraus. Denn zu jener Zeit hielt man es im Landadel für unnötig, Töchtern eine höhere Ausbildung zu gewähren. Vielmehr hatte beispielsweise ein Gutsfräulein von Schneckenschiss gefälligst zu warten, bis sich ein Freiherr von Rumpelstolz näherte, um sich beim gutsherrlichen Vater schnarrend um dieses Töchterchen zu bewerben. So war Lars' Mutter zwar vom alten Schrot und Korn der nachwirkenden Kaiserzeit geprägt, aber durch Erleben der Kolonialzeit und durch ihr Studium in verschiedenen Studienorten aufgeklärter und weltoffener als beispielsweise ihre Kusinen Karla, Frieda, Erna, Olga und dergleichen. Und wenn die nicht gestorben sind, dann warten sie noch heute auf einen Bräutigam.

Lars' Großvater väterlicherseits hingegen entstammte einer ostfriesischen Bauernfamilie. Auch er war nicht der erstgeborene Sohn, so dass er den Hof ebenfalls nicht erben konnte. Er entschloss sich, mit sehr viel Arbeit und Ehrgeiz in Hannover eine Versicherungsagentur mit wachsendem Kundenstamm aufzubauen. Diesen Kundenstamm brachte er eines Tages in eine sehr große deutsche Versicherung in Leipzig ein und wurde als Gegenleistung in den Vorstand mit einem guten Gehalt und einer eleganten Dienstvilla befördert. Er bekam die Funktion der Personalverwaltung. Wie er später immer wieder nicht ohne Stolz erzählte, hat er vor der Einstellung eines neuen Mitarbeiters immer darauf bestanden, dass der ihm erst einmal seine Ehefrau vorstelle. So könne man sich ein besseres Bild vom Bewerber machen, erklärte er. Mit seiner Frau Erna hatte er einen Sohn, Lars' Vater. Dieser wuchs als verwöhntes Einzelkind in einer gut situierten großbürgerlichen Familie auf. Er absolvierte ein Jurastudium und traf im Jahre 1939 auf Lars' Mutter. Sie heirateten im Jahre 1941. Beide hatten zwar in etwa dieselben Wertvorstellungen wie Ehrlichkeit, Gehorsam, Sittlichkeit usw., waren aber von der Herkunft sehr verschieden.

Während die Mutter sehr offen, fröhlich und positiv sowie auch unternehmerisch gestimmt war, war der Vater eher skeptisch bis pessimistisch. Er wurde zunehmend ein egoistischer Miesmacher. Beide hatten aber gegenüber ihren Kindern nicht in Frage zu stellende Grundeinstellungen. Kinder hatten den Mund zu halten, wenn Erwachsene redeten, sie mussten aufessen, was die Eltern auf ihren Teller wuchteten, und es schmeckte gefälligst – sonst: Aua! Kinder mussten ordentlich angezogen und stramm gescheitelt sein, sie durften nicht schmutzen, das Kinderzimmer musste immer aufgeräumt sein – sonst ... Auf Fragen der Kinder hieß es meist: „Davon verstehst Du nichts." Oder entgegenkommend und ausnahmsweise wohlgelaunt, scheinbar geradezu verständnisvoll: „Dazu bist Du noch zu klein."

Untereinander gingen sie ebenso wenig würdevoll und schon gar nicht verständnisvoll miteinander um: Dem Vater machte es offenbar immer wieder Freude, der Mutter ihre gewisse Korpulenz vorzuwerfen und sie „Mops" zu nennen. Schlimmer noch war, dass er ihr als Frau wohl in allen Lebensbereichen die erforderliche Kompetenz bestritt und ihr immer wieder deutlich machte, dass sie keine Ahnung insbesondere von wirtschaftlichen und finanziellen Dingen hätte. Dabei hatte sie es geschafft, sich ohne nennenswertes Eigenkapital eine eigene Praxis aufzubauen. Der Vater hatte es hingegen vorgezogen, anstatt den freien Beruf eines Rechtsanwalts oder Notars auszuüben, sich als Staatsanwalt auf einen sicheren Beamtenstatus zu begeben.

Die Ehe ging jedenfalls sehr schlecht. Sie lebten gemeinsam einsam und sie zogen es vor, sich möglichst aus dem Wege zu gehen. Ob sie die Ehe in geschlechtlicher Hinsicht hin und wieder vollzogen, war und blieb unklar. Irgendwelche Anhaltspunkte hierfür gab es nicht. Stattdessen war eine gegenseitige Verachtung und Kälte zu spüren, die auf das gesamte Familienleben durchschlug. Immerhin setzte sich die Mutter nach einigen Jahren mit ihrer immer besser funktionierenden

Zahnarztpraxis gegen die ständige Miesmacherei („Milchmädchenrechnung", meckerte er) des Vaters durch, dass ein Einfamilienhaus gebaut wurde.

Im Nachhinein ist festzustellen, dass der Vater wohl – wie noch heute der größte Teil der Männer – nicht ertragen konnte, dass seine Frau ihm nicht nur in menschlicher, sondern auch in sachlicher und zunehmend auch in finanzieller Hinsicht überlegen war. Das passte nicht in das übliche Schema, in dem der Mann das bewegende oder zumindest kraft Überlieferung das dominierende Element war, während die Frau das beharrende und eher passive Element darstellen sollte. Ein harmonisches Eheleben und insbesondere auch ein Familienleben fand nicht statt. Beide Eltern hatten sich innerlich sehr weit voneinander entfernt. Es war wiederum die Mutter, die neben ihrer täglichen Arbeit in der Zahnarztpraxis alle möglichen abendlichen Beschäftigungen wie Fechten, Club berufstätiger Frauen, Bridgekränzchen etc. ausgiebig wahrnahm, um einem Familienleben bestmöglich zu entgehen.

Diese Kälte schlug schon von Anfang an auf Lars und seinen Bruder voll durch. Klein-Lars war sehr lange Bettnässer. Jedes Mal, wenn er das Bett vollgemacht hatte, wurde er von der Mutter oder vom Vater bedroht, dass man ihn beim nächsten Mal in die tiefe Trave werfen werde. Lars erinnert sich noch bis heute, dass er als Kleinkind auf dem Rücken in seinem Bette lag und unablässig seinen Kopf hin- und herdrehte und ebenso stundenlang an dem Geländer des Bettes hin und her wippte. Schließlich zog die Mutter eine befreundete Kinderärztin zu Rate, die zwar keine Diagnose stellen konnte, aber immerhin darauf hinwies, dass durch das Hin- und Herscheuern des Hinterkopfes auf der Unterlage weder das Kopfkissen noch die Kopfhaare Schaden genommen hätten.

Nachdem das von der Mutter gegen den ständigen Widerstand des Vaters errichtete Einfamilienhaus fast fertiggestellt war, starb sie im Alter von 49 Jahren an Magenkrebs, der durch fehlerhafte Diagnose viel zu spät festgestellt worden war.

Da es also kein Familienleben gegeben hat und die Erziehung in immer häufigeren Schlägen mit großen Kochlöffeln bestand, kapselte Lars sich mehr und mehr ab. Er fing an zu klauen, Dinge mutwillig zu zerstören, wurde schlecht in der Schule und litt zunehmend an starken Depressionen mit Selbstmordgedanken. Diese Gedanken hat er einige Male in die Tat umzusetzen versucht, nämlich durch Schnippeln an der linken Pulsader bzw. durch Aufdrehen des Gashahns, nachdem er seinen Kopf in den Backofen gesteckt hatte. Eine Persönlichkeit konnte er nicht entwickeln, da es an Vermittlung von Kenntnissen, Werten, Umgangsformen, gesellschaftlichen Zusammenhängen, kurz: an gleichwertigem Zusammenleben vollkommen fehlte.

So wirkten wohl die Erziehungsmethoden der wilhelminischen Zeit bis in die Nachkriegszeit hinein, obwohl diese Epoche schon lange hinter dem Horizont verschwunden war. Die bunten zwanziger und anfänglichen dreißiger Jahre wurden wohl als undeutsche Ausrutscher gewertet, indem sie von der heroischen Nazizeit mit Begeisterung abgelöst wurden. So gaben Lars' Eltern die Erziehung, die sie genossen hatten, unverändert an ihre Kinder weiter. Sie hatten den Mund zu halten. Sie mussten den Teller aufessen, den die Eltern ihnen vollgeschüttet hatten. Andernfalls mussten sie solange am Tisch sitzen bleiben, bis sie sich den widerwärtigen kalten Rest hineingewürgt oder auf andere Weise unbemerkt beseitigt hatten. Oder es gab eben keinen Nachtisch, bis alles aufgegessen war.

Das war wohl auch ein Verhalten aus der „Schlechten Zeit", von der es in Deutschland mehrere gegeben hatte. Nichts wurde weggeworfen oder dem Verderben überlassen. So wurde Lars weiterhin mit Portionen auf seinem Teller traktiert, die er nicht bemessen hatte. Es war eine Folter. Denn zu viel oder Widerwärtiges essen zu müssen ist eine Qual. Aber da war nichts zu machen. „Kinder mit 'nem Willen krieg'n was auf die Brillen", hieß es häufig. Bei kleinen oder mittleren Vergehen oder Widerreden gab es mit der Kochkelle Schläge auf den Hintern und/oder Stubenarrest. Lars wurde bockig. Er wurde bösartig und und stänkerte gegen seine Eltern.

Hin und wieder musste er zur Lateinhilfe zu dem „afrikanischen" Großvater. Dort hatte er aber zunächst dessen Post zu sortieren und abzulegen. Es war ganz normal, dass er bei Widerreden mit einem Schlag ins Gesicht vom Großvater niedergestreckt wurde. Lars war eben schwer erziehbar. Da galt es, ihm erst einmal Mores beizubringen. Der Schlag des Großvaters war offenbar von dem Kaliber, den seine schwarzen Arbeiter in Afrika zu spüren bekommen hatten, wenn es eilte und die schwarzen Arbeiter, die die üblichen Prügelstrafen an ihren Kollegen vollziehen mussten, gerade nicht zur Stelle waren. Nun, das war eine andere Zeit, in der ein anderes Miteinander herrschte. Allerdings passten diese Gebräuche nicht mehr in Lars' Kindesalter.

Kapitel 2

Als Lars gerade fünf Jahre alt geworden war, beschlossen seine Eltern, ihn vorzeitig in die Grundschule zu schicken. Denn die Wohnung war sehr beengt. Die Mutter hatte eine zahnärztliche Assistentenstelle. Und Lars erschien seinen Eltern bereits reif genug, um mit der Schule zu beginnen. Dort behaupteten sie, er sei bereits sechs Jahre alt. Seine Geburtsurkunde sei auf der Flucht aus dem Osten verloren gegangen. Das wurde von der Schulbehörde akzeptiert.

Sein täglicher Schulweg führte durch den Stadtpark. Dort spielte er nachmittags mit seinen Schulkameraden. Sie fanden in den Gebüschen häufig weißliche Luftballons, die man aufblasen konnte. Sie spielten damit und bliesen sie auf und warfen sie sich zu, obwohl manche Spaziergänger sie erschreckt warnten, sie sollten dies besser nicht tun, diese Luftballons seien sehr schmutzig und gefährlich. Manchmal sahen sie auch im Gebüsch einen Mann und eine Frau, die einen eigenartigen Ringkampf übten. Lars erzählte dies seinen Eltern, um in aller Unschuld um zu erfahren, was das zu bedeuten hätte. Sie antworteten jedoch ausweichend, er solle sich möglichst von solchen Leuten fernhalten.

Manchmal fuhren sie für ein paar Pfennige mit einem alten Vorkriegsbus an die Ostsee nach Travemünde. Lars war noch sehr klein und wollte im Sand spielen. Es kam aber immer wieder vor, dass eine Frau aus einem Strandkorb sprang, ihn umarmte, ihn an sich riss und abküsste und dabei immer rief: Oh, wie ist der süß! Oder so ähnlich. Lars war das sehr unangenehm, weil er lieber für sich sein wollte und die feuchten Küsse mit welken Lippen als sehr abstoßend empfand. Eine Frau hatte sogar sehr blutige Zehen. Lars meldete dies sofort seiner Mutter. Sie sagte ihm aber, diese Zehen seien angemalt, weil das schöner aussehen würde. Lars fand das hässlich und das Begrapschen durch die Frauen sehr unangenehm. Er versuchte, im tiefen Ostseesand wegzulaufen, wenn sich ihm eine Frau in dieser bedrohlichen Weise näherte.

Eines Tages – Lars war sechs Jahre alt – war seine Mutter verschwunden. Sie hatte sich nicht verabschiedet. Es vergingen mehrere Tage, ohne dass er etwas von ihr sah oder hörte. Immerhin hatten sie zuhause schon Telefon. Aber es kam kein Anruf. Lars bedrängte seinen Vater immer wieder, ihm zu sagen, wo denn seine Mutter sei und wann sie wiederkomme. Er antwortete hierauf nicht, sondern machte allenfalls abfällige Bemerkungen über die Mutter. Lars fühlte sich sehr hilflos und verlassen, zumal sein Vater seinem Bruder und ihm ohnehin immer zu spüren gab, dass sie ihm lästig seien. Es war für Lars ein furchtbares Gefühl, nicht zu wissen, ob die Mutter jemals zurückkommt. Er konnte sich nicht helfen, er konnte sich auch nirgends erkundigen, weil er gar nicht wusste, wo er sich hätte erkundigen können.

Eines Tages sah er seine Mutter im Stadtpark spazieren gehen. Er lief zu ihr, er heulte fürchterlich und fragte sie, ob sie denn nun wieder nach Hause komme. Sie sagte, dass sie jetzt bei ihrem Vater, seinem „afrikanischen" Großvater wohne, dass sie aber bald wieder nach Hause komme. Viel später erfuhr er mehr zufällig, dass seine Mutter wohl wegen der vielen Kränkungen des Vaters in dieser Zeit in der Nervenheilanstalt gewesen war, wie man es damals nannte.

Lars wurde größer und war in der Grundschule noch ein sehr guter Schüler. Allmählich interessierte ihn aber auch die Frage, woher denn die kleinen Kinder kommen. Auf Seine Fragen hierzu antworteten seine Eltern – wie auch schon früher immer –, dass er hierfür noch zu klein sei, dass er hiervon ohnehin nichts verstehe und dass er das noch früh genug erfahren würde.

Mit der Zeit war das Umfeld, in dem er sich bewegte, größer geworden. Er ging nicht nur durch den Stadtpark zur Schule, sondern auch schon mal in die Innenstadt, um die Mutter von der Praxis abzuholen. Zu der Zeit gab es nicht wenige Männer, denen ein Bein oder beide Beine fehlten, die sich im Rollstuhl oder in einem hölzernen Karren fortbewegten oder die blind waren, einen Arm verloren hatten oder in anderer Weise beschädigt waren. Es gab aber auch einige völlig gesunde Männer, denen nichts fehlte und die – anders als der farblose Herr Miese und der noch farbloserere Herr Hering – bei den jungen Damen recht beliebt zu sein schienen.

Hin und wieder hörte Lars seine Eltern tuscheln, dass ein gewisser Herr Giebel es ganz besonders arg triebe. Auf seine Fragen, was denn damit gemeint war, erhielt er wieder nur die Antwort, dass er das sowieso nicht verstünde. Einmal sah er Herrn Giebel mit zwei jungen Frauen an der Straßenecke stehen. Er redete in etwas unnatürlicher Weise mit vielen großartigen und anscheinend bedeutsamen Gesten auf sie ein, während die Frauen heftig kicherten. Beim nächsten Mal fragte er seine Schulkameraden, was denn Herr Giebel den Frauen alles so zu erzählen hätte. Seine schon mehr aufgeklärten Schulkameraden erläuterten ihm, dass Herr Giebel anscheinend mit den Frauen poussiere. Lars konnte sich unter diesem Wort nichts vorstellen und fragte genauer nach. Seine Schulkameraden klärten ihn weiter auf, dass er sich irgendwie bei den Frauen einschmeicheln wolle.

Das moderne Wort „sülzen" war damals noch nicht bekannt. Dies wurde erst viel später von einem Studienfreund in Hamburg erfunden. Ein treffenderes Wort ist bei objektiver Betrachtung für diesen Vorgang bisher nicht gefunden worden. Es lehnt sich an die in Gelee eingelassenen Fleisch- und Innereienstückchen an, die beim Verzehr auf der Zunge ein glibberiges Gefühl erzeugen. Dieser Vorgang des Sülzens wurde alsbald dadurch definiert, dass ein Mann einer Frau mit in einer ganz bestimmten Absicht wahre oder unwahre, jedenfalls schmeichelhafte oder lustige Sachen erzählt. Zu damaliger Zeit war jedoch nur das Wort poussieren bekannt. Unter den Jungen war es absolut verpönt und sogar verächtlich, mit Mädchen zu poussieren. Man nannte sie Poussierstengel.

Mädchen waren für Lars ohnehin seltsame Wesen. Sie standen immer in Gruppen herum und schauten sich um, ob irgendetwas passiere. Sie selbst taten jedoch meistens nichts, sondern kicherten allenfalls über andere, die irgendetwas unternahmen oder sich wichtigmachten. Die Mädchen weinten hin und wieder und waren häufig krank. Sie standen meist in der Ecke und tuschelten untereinander. Sie rannten nicht herum, kletterten nicht auf den Zaun oder auf einen Baum und spielten nicht mit irgendwelchem Unrat Fußball. Sie trugen fast alle Namen, die in der großdeutschen Zeit sehr beliebt gewesen waren, wie Gudrun, Uta, Gertrud und sogar Siegbringe. Es erschien Lars auf jeden Fall besser, sich von ihnen fernzuhalten, da man sich auch nicht etwa verdächtig machen wollte, mit Mädchen zu poussieren.

Lars wuchs weiter heran. Er bestand die Aufnahmeprüfung zum Gymnasium mit Auszeichnung, und er kam in eine gemischte Mädchen/Jungen-Klasse. Jung-Lars kam auch langsam in die Pubertät. Mit der Zeit bekamen für ihn die Körper der Mädchen hoch interessante Ausformungen. Er konnte das seltsame Gefühl nicht deuten, wenn es in seiner Hose eng wurde. Ein derartiges Thema war zuhause nie besprochen worden. Er spürte, dass dies ähnlich wie die Sache mit Herrn Giebel irgendwie im unanständigen Bereich liegen dürfte. Immerhin deuteten seine Eltern das Verhalten des Herrn Giebel in missbilligendem, ja verächtlichem Ton an. Sie tuschelten mit gedämpfter Stimme, dass Herr Giebel es schon allein deshalb so toll mit den Frauen treiben könne, weil ja die meisten Männer in seinem Alter im Krieg gefallen oder zu Krüppeln geworden waren und allenfalls in den Straßen mit allerlei lenkbaren Holzkarren herumfahren konnten.

Jedenfalls konnte Lars mit seinen Erregungen nicht umgehen und schämte sich darüber. Unter den Klassenkameraden wurde zwar einiges darüber geflüstert, aber dies geschah alles hinter vorgehaltener Hand, und Lars als am schlechtesten Informierter wurde auch zu derartigen Gesprächen nicht beigeladen. Zu der gleichen Zeit bemerkte er, dass er sich immer mehr für Mädchen interessierte und sie genauer anschaute. Sie erschienen ihm immer noch seltsam und fremd. Er hatte keine Schwester. Er konnte deshalb auch keine Vergleiche anstellen, was Mädchen denken, über was sie sich miteinander unterhalten oder was sie am liebsten taten. Denn sich als Junge mit Mädchen zu unterhalten, galt ja als sehr uncool, auch wenn dieses Wort damals noch nicht gebräuchlich war.

Ihm fiel auf, dass die Mädchen enge Hosen bevorzugten und zumeist eng anliegende Blusen oder Pullover trugen. Einige trugen auch Strickjacken, die ebenfalls mehr oder weniger eng am Oberkörper anlagen. Wenn die Schulpause begann, zogen die Mädels umständlich ihre Pullover bzw. Strickjacken an. Wenn die Schulpause zu Ende war, zogen sie diese ebenso umständlich wieder aus. Jedes Mal musste man aufgrund der bestimmten Bewegungen zu ihrem Oberkörper hinschauen, was von den Mädchen wohl auch beabsichtigt war. Bei jedem An- oder Ausziehen dieser Jacken kam immer wieder eine Erregung hoch, denn wenn beim An- oder Ausziehen die Arme nach hinten gebogen werden mussten, prallten notwendigerweise die Brüste nach vorne, was ebenfalls offenbar beabsichtigt war. Das war eine sehr lange und sehr schwierige Zeit, da alles, was mit diesen Erregungszuständen und den Auslösern zusammen hing, offiziell als äußerst unanständig, ja sogar sündhaft galt.

Zuhause wurde, wie gesagt, hierüber niemals gesprochen. Dieses Thema überließen die Eltern vielmehr dem sogenannten Konfirmandenunterricht, in welchem Lars und sein Bruder auf die Konfirmation vorbereitet wurden. Einmal in der Woche mussten sie dort erscheinen und allerlei Psalmen und Gebete auswendig lernen. Es wurden ihnen auch Geschichten vorgelesen, in denen mutige und tapfere, in jedem Fall rechtschaffene Jungen allerlei Abenteuer zu bestehen hatten. Eines Tages war es soweit: Der Diakon, der im kirchlichen Auftrag die

Konfirmanden auf das rechtschaffene und vor allem gottesfürchtige Leben vorbereiten sollte, hatte die Aufgabe, in dieser Stunde seine Schützlinge aufzuklären.

Die Aufklärung bestand darin, dass die jungen Männer sich ein junges Mädchen mit üppiger Oberweite vorstellen sollten. Nachdem sie hierzu aufgefordert waren, erklärte Herr Diakon Dösing, dass sie wahrscheinlich bei dieser Vorstellung sehr schlechte Gedanken entwickelt hätten. Dieser Versuchung sollten sie allerdings niemals wieder zum Opfer fallen. Denn diese Vorstellungen seien unanständig, schmutzig und im höchsten Maße auch sündig und würden vom lieben Gott am jüngsten Tag auch streng bestraft werden. Um derartige schmutzige Gedanken beim Anblick eines schönen Mädchens gar nicht erst aufkommen zu lassen, empfahl Herr Diakon Dösing, sie sollten sich vorstellen, dass ein fremder schmieriger Mann die eigene Mutter so lüstern anschauen würde. Bei solchen abscheulichen Vorstellungen durfte man doch wirklich nicht auf schmutzige Gedanken kommen. Um derartige Gelüste nachhaltig zu verscheuchen, mussten die Kandidaten nun lauthals beten und inbrünstig heilige Lieder singen.

So bemühte sich die Kirche schon frühzeitig, ihre Schäfchen sich als Sünder fühlen zu lassen. Später würden diese Sünder durchaus geneigt sein, ihr schlechtes Gewissen zu erleichtern. In der Hoffnung auf gnädige Beurteilung vor dem jüngsten Gericht würden sie der Religionsindustrie nennenswerte Spenden zukommen lassen, und zwar gegen ein „Vergelt's Gott", die genialste Erfindung einer Quittung ohne erkennbare Gegenleistung.

Das war also die Aufklärung. Nun hatten sie allerding noch immer nicht offiziell erfahren, was es mit dem

Trieb auf sich habe und woher denn die kleinen Kinder kommen.

Kapitel 3

In dieser Zeit seiner ersten Reifung wurde Lars des Öfteren von Mitgliedern von Jugendverbänden, von der Jungschar oder von sonstigen Jugendvereinen, angesprochen, ob er dieser oder jener Organisation beitreten wolle. Einer dieser jugendlichen Werber und Mitschüler nahm ein solches Werbegespräch zum Anlass, ihm anzubieten, dass er ihm das Onanieren beibringen könne. Lars wusste nur vom Hörensagen, was das wohl sein könnte. Aufgrund seiner „Aufklärung" und seiner völligen Unkenntnis jeglicher sexueller Zusammenhänge fand er dieses Angebot nicht verlockend, sondern außerordentlich unheimlich und abstoßend. Er lehnte also ab und schaute weiterhin schüchtern, zweifelnd und unsicher zu den Mädchen, von denen es in seiner Klasse ca. zwölf an der Zahl gab.

Es wurde Frühling: Insekten, Käfer, Fliegen und Schnaken summten herum. Die Mädchen zogen sich bunt und auffällig an. Ihre Haare fielen in die Stirn, sie tänzelten und summten gemeinsam das eine oder andere Liedchen. Bei genauer Betrachtung benahmen sie sich wie Insekten. Sie sahen auch so aus, mit ihren ausladenden Haarponys, die wie Fühler anmuteten. Sie bestanden aus Kopf, Brust, Taille und Unterleib, also genau wie ein typisches Insekt, beispielsweise eine Wespe. Mit Vorliebe kamen sie bei schönem, warmem Wetter zum Vorschein, hatten ihre auffälligsten Sachen angezogen und ihre interessanten Körperteile zur Schau gestellt. Ihre Haare waren sorgfältig frisiert, so dass einige Locken und Strähnen in ihre Stirn fielen. Beim Anblick eines Babys, egal wie hässlich es auch war, gerieten sie sofort in Verzückung. Sie sahen mit Kopf

Brust und Hinterleib nicht nur so aus wie Kerbtiere, sondern sie benahmen sich auch so, wie eben Insekten, die bekanntlich einen sehr starken Hang zur Brutpflege haben.

Diese Art der Insektentheorie ergreift Lars noch heute, besonders im Frühling, wenn bei den ersten warmen Lüften diese menschlichen Insekten auszuschwärmen beginnen. Es summt und brummt. So wie die Fluginsekten, die ihre schönsten Farben entfalten, wenn sie auf und ab schweben, um von einer Blüte zur anderen zu gelangen, so schwebten auch die Mädchen umeinander, allerdings ohne erkennbares Ziel.

Kam in der Schule oder im Tennisclub unversehens ein zweideutiges Wort auf, so kicherten die Mädchen sofort los. Die Knaben allerdings zeigten sich in solchen Situationen eher verschüchtert und etwas beschämt. Auch die anderen Knaben waren ähnlich erzogen und voller Prüderie, weil insbesondere ihnen immer wieder erklärt wurde, dass „schlechte Gedanken" nicht nur unanständig und verboten waren, sondern vor allem außerordentlich sündig, also in einem höheren Sinne mit späteren schweren Strafen im Jenseits verbunden.

So ging das Jahre lang weiter. Die Knaben quälten sich in ihrem sexuellen Drang, erzählten sich zunehmend zotige Witze, die sie irgendwo anders aufgeschnappt hatten. Sie erwarteten, dass irgendetwas Entscheidendes einmal geschehe. Es geschah aber nichts. Natürlich gab es einige Teenager-Partys, die zumeist im Keller oder in der Garage stattfanden. Die Eltern waren zumeist abwesend, da dieses Treiben im schummrigen Licht den damals herrschenden moralischen Grundsätzen krass widersprochen hätte. Dabei geschah auch auf diesen Partys nicht viel mehr, als dass man allerhand

Alkohol zu sich nahm und versuchte, den teils verschüchterten, teils kichernden Mädels näher zu kommen. Aber seltsam: Immer wenn Lars' unruhige Hände – versehentlich, versteht sich – in die Nähe der interessanten Körperteile kamen, musste das Mädel plötzlich nach Hause. So war es auch später bei Verabredungen, die der pfiffige Lars weit vorausschauend auf den späten Nachmittag oder frühen Abend, jedenfalls auf eine Zeit ansetzte, in welcher die Dämmerung begann. Man ging spazieren, und zwar möglichst an Orten, wo man nicht gesehen wurde, wie z.B. in Parks oder auf Waldwegen oder an ähnlichen verschwiegenen Orten. Hin und wieder blieb er unter einem Vorwand stehen und versuchte, das Mädchen an sich zu ziehen. Auch in diesem Fall musste das jeweilige Mädchen plötzlich dringend nach Hause. Er fragte sich, was das Ganze bedeuten sollte, was er falsch gemacht hätte. Warum gingen sie mit ihm im Dunkeln spazieren, ohne dass er an ihnen herumfummeln konnte? Immerhin war doch allerorten die Rede von diesen Dingen. Fragen über Fragen und keine Antwort, nirgends.

Zuhause war das Thema weiterhin tabu. Von anderen Freunden erfuhr man Ähnliches, dass auch sie bei den Mädchen nicht weiter kamen. Einige Erfolgstypen allerdings gaben den Anschein, dass sie immer Erfolg hatten. Jedenfalls erzählten sie häufig Geschichten, bei denen aber niemand dabei war und die deshalb auch nicht nachprüfbar waren. Immerhin hatte der eine oder andere ein Mofa, auf welchem hin und wieder auch ein Mädel auf dem Soziussitz Platz nahm und kicherte. Dabei vollführten die glücklichen Besitzer eines Mofas gefährliche Fahrpirouetten. Manchmal fuhren sie derart halsbrecherische Kreise, dass es aussah, als solle ihr Mofa gleich in den eigenen Arsch fahren.

Lars war jedenfalls klar, dass die allgemeine Lehre richtig war: Die Mädchen wollten seinen Begierden nicht nachgeben; denn es war offensichtlich unanständig, eine Schweinerei und sündhaft. So quälten sich die Jahre ohne sexuelle Kontakte dahin. Es waren die schlimmsten Jahre seines Lebens. Dies auch deshalb, weil er keine Ahnung hatte, wie das weitergehen sollte.

Auf der Schule waren leider nicht die hübschesten Mädchen zu finden. Es war ein sogenanntes humanistisches Gymnasium mit teilweise gemischten Klassen. Die Eltern der Mitschüler waren meist Akademiker, insbesondere Lehrer, Ärzte, Pastoren, Offiziere, Beamte oder dergleichen. Dementsprechend sahen auch die meisten ihrer Töchter aus. Viele der Mitschüler und Mitschülerinnen hatten keinen Vater mehr. Der war gefallen, verschollen oder verschleppt, ohne dass Hoffnung auf Rückkehr bestand. Einige hatten gar keine Eltern mehr. Sie wuchsen bei ihren Großeltern oder bei Adoptiveltern auf.

In dem außerordentlich konservativen Gymnasium gab es drei Sorten von Lehrern:

Die erste bestand aus alten, bereits pensionierten Lehrern, die wegen kriegsbedingten Lehrermangels reaktiviert worden waren und die noch in Latein bzw. Griechisch unterrichten konnten. Sie waren noch vom alten Schrot und Korn und geprägt von dem ehemals wilhelminischen Verständnis von Zucht und Ordnung. Wenn der Lehrer den Klassenraum betrat, mussten die Schüler auf Kommando aufstehen, strammstehen und den Lehrer im Chor mit seinem Namen begrüßen. Sodann gab es das Kommando „Setzen" und der Unterricht begann. Im Falle von Verfehlungen oder sonstigen Unbotmäßigkeiten eines Schülers gab es Bestrafungen wie Schläge mit dem Lineal auf den Handrücken, Kopfnüsse, Eckestehen, Ohr einreißen oder eine schallende Ohrfeige. In der Folge musste man dann mit dem guten Ohr dem Unterricht weiter folgen, während es im schlechten Ohr grässlich summte.

Die zweite Sorte waren Lehrer im normalen Beamtenalter, die den Krieg vollkommen unversehrt überstanden hatten. Diese Lehrer verwalteten weiterhin unbekümmert ihr Bild vom deutschen Jungen, der zäh wie Leder, hart wie Kruppstahl und schnell wie ein Windhund sein müsse und im Übrigen sich ehrlich, anständig und aufrichtig zu verhalten habe. Für Schwächen eines Schülers war hier kein Platz, denn es galt: „Gelobt sei, was hart macht!" Der deutsche Junge machte zwar Streiche, aber er stand auch dafür ein, hieß es.

Die dritte Sorte waren die vom Krieg gezeichneten und beschädigten Lehrer. Sie waren entweder sichtbar beschädigt, indem ihnen verschiedene Gliedmaßen oder ein Auge fehlten. Teilweise trugen sie noch Granatsplitter im Körper, teilweise waren sie in unsichtbarer Weise seelisch schwer geschädigt. Es kam vor, dass sie bei rüpelhaftem Verhalten der Schüler in Hysterie ausbrachen und wie enthemmt ihre Kriegserlebnisse quasi herauskotzten.

Dieser als „Lehrkörper" bezeichnete Bestand war jedenfalls nicht geeignet oder dazu berufen, das verklemmte Verhältnis zwischen den Geschlechtern der Halbwüchsigen wenigstens ansatzweise zu ordnen.

So gab es einen dauernden Schwebezustand, sowohl zuhause als auch in der Schule, wo weder hier noch dort etwas Reales vorgegeben oder gar vorgelebt wurde. Insofern fehlte jede Vergleichsmöglichkeit, wie es sonst hätte sein können, wenn es anders gelaufen wäre. So gab es auch keine vergleichbaren Erfahrungen, wie man mit dieser oder jener Situation umgehen könne, die man in dieser oder jener Form so ähnlich schon einmal erlebt hatte. Denn es geschah gar nichts. Es blieb ein Schwebezustand ohne Vergleichbarkeit, ohne Mittelpunkt.

Lars und seine Kumpane lernten Griechisch und Latein und zwar von der trockensten Seite, nämlich zunächst die Grammatik. Aber es fehlte an jedem Bezugspunkt, wie man im täglichen Leben mit anstehenden Fragen und Problemen fertig werden könne. Davon hatte Cäsar in seinem drögen Bericht „De bello Gallico" nichts erzählt. Die Folge der Zusammenhanglosigkeit war die Zusammenrottung mit ähnlich verzweifelten und haltlosen Schulkameraden, die unsicher und ziellos durch die Gegend taumelten und hier und dort, wo es sich gerade bot, sinnlose Zerstörungen anrichteten.

Kapitel 4

Auf der Schule gab es immerhin zwei außerordentlich hübsche Mädchen. Die eine war blond, hatte einen hellen Teint und hieß Gabi. Die andere war brünett, dunkelhaarig und hatte dunkle Augen. Ihr Name war Birgit, genannt Biggie. Wegen der bisher erfahrenen Warnungen vor schlechten Gedanken und deren Folgen war Lars viel zu ängstlich, die eine oder andere anzusprechen oder es wenigstens zu versuchen, mit ihnen in Kontakt zu kommen.

Wie es der Zufall wollte, kam er eines Tages anlässlich einer Geburtstagseinladung mit Gabi ins Gespräch. Das Gespräch ging von ihr aus. Lars fand sie zwar zauberhaft schön und mit einer sehr hübschen Figur ausgestattet. Aber er war trotzdem viel zu schüchtern, das Gespräch von sich aus zu beginnen. Offenbar gefiel er ihr, denn sie blieb die meiste Zeit in seiner Nähe, sodass sie sich allmählich anfreundeten.

In dieser Zeit hatte er sich angewöhnt, zunehmend die Schulstunden zu schwänzen. So kam er üblicherweise anfangs immer erst zur zweiten Stunde, weil er nicht gern früh aufstand und auch den Sinn der Schulausbildung nicht verstehen konnte. Nachdem längere Zeit niemandem sein Fehlen in der ersten Stunde aufgefallen war, begann er das Schwänzen auszudehnen. Künftig kam er nur noch montags, mittwochs und freitags zur Schule. Denn über das Wochenende zu einem Montag gab es keine Schulaufgaben, so dass er montags durchaus erscheinen konnte und nicht nach Schulaufgaben abgefragt werden konnte.

Von Dienstag zu Mittwoch gab es Schulaufgaben, aber am Dienstag hatte er ja gefehlt. Von Mittwoch bis Donnerstag gab es Schulaufgaben. Am Donnerstag fehlte er aber. Vom Donnerstag zum Freitag gab es Schulaufgaben, aber da hatte er ja gefehlt. Vom Freitag zum Samstag und Montag, nämlich übers Wochenende, gab es keine Schulaufgaben, ebenso wenig vom Samstag zum Montag. Das ging über viele Monate gut, bis ein fleißiger Mitschüler namens Gunther vom Klassenlehrer angewiesen wurde, die Krankheits- und Fehlzeiten und die hiervon unentschuldigten Fehlzeiten statistisch zu erfassen. Der machte sich trotz Lars' gegenteiliger flehentlicher Bitten mit großem Eifer daran, seine sämtlichen Fehlzeiten als unentschuldigt darzustellen. Das hatte eine Blitzprüfung durch den Klassenlehrer zur Folge, die mit der schlechtesten Zensur endete. Also blieb Lars zum ersten Mal sitzen.

In dieser Zeit wurde sein Vater, dem er ohnehin schon von Anfang an lästig gewesen war, immer wütender auf ihn, indem er ihn zunehmend als Versager verhöhnte. Lars rächte sich dafür, indem er ihm hin und wieder Geld klaute. Das war allerdings sehr schwierig, weil der Vater niemals lose Münzen in seinen Jackentaschen oder in aufgehängten Kleidungsstücken ließ, sondern alles Geld immer im Portemonnaie in seiner Hosentasche aufbewahrte. Meistens wusste er ziemlich genau, wie viel Geld er im Portemonnaie hatte. Dies galt sogar für die Münzen. Denn eines Tages schimpfte er fürchterlich und behauptete, er habe fünf Zweimarkstücke gehabt. Nun wären es nur noch vier. Lars musste also künftig besonders vorsichtig sein und möglichst nur Münzen nehmen, die in größerer Zahl in seinem Portemonnaie lagen. Zuhause war überhaupt alles unter Verschluss. Selbst der inzwischen angeschaffte Kühlschrank war abschließbar, eine Möglichkeit, von der die Eltern ausnahmslos Gebrauch machten.

Die Weihnachtsgeschenke für seinen Bruder und für Lars bewahrte der Vater in einem großen verschlossenen Kleiderschrank im Schlafzimmer auf. Sobald er Weihnachtsgeschenke besorgt hatte, verstaute er diese in dem Schrank oben im Hutabteil, schloss den Schrank ab und befestigte den Schlüssel an seinem Schlüsselbund, den er immer bei sich trug. Lars überlegte, wie er ihn überlisten könnte, um festzustellen, was er an Weihnachten an Geschenken zu erwarten hätte. Dazu fiel ihm eine einfache Lösung ein: Sobald der Vater auf dem Weg in die Staatsanwaltschaft war, schob Lars eine Seite des Schrankes von der Wand weg, sodass er an die Rückwand herankommen konnte. Die Rückwand bestand aus einer großen Sperrholzplatte, die am Schrank angeschraubt war. Lars schraubte die Rückwand ab, stellte den Inhalt des Schrankes von der Rückseite aus fest und verschloss die Rückwand wieder sorgfältig mit den dazugehörigen Schrauben und schob den Schrank wieder an die alte Stelle.

Mit Gabi kam er hin und wieder auf dem Schulhof ins Gespräch. Hierbei stellte sich heraus, dass auch sie sehr häufig die Schule schwänzte. Allerdings war Lars bei diesen Gesprächen immer unbehaglich zumute, weil er von verschiedenen Mitschülern teils misstrauisch, teils neidisch beobachtet und gelegentlich auch angesprochen wurde, anscheinend zu dem Zweck, sein Gespräch mit Gabi zu stören oder zu unterbrechen. Jedenfalls schlug ihm Gabi dann vor, dass er den Vormittag bei ihr verbringen könnte, denn ihre Mutter sei vormittags nie zu Hause, da sie in einem Krankenhaus Orgelunterricht gäbe. Gabi war mit ihrer Mutter und ihrer etwas älteren

Schwester aus Ostpreußen geflohen. Der Vater war im Krieg gefallen.

Wenn Lars die Schule schwänzte und zu ihr ging, waren sie bis zum Ende des Schulunterrichts gegen Mittag zu zweit allein. Sie lasen sich gegenseitig aus verschiedenen Büchern vor, die sie lustig fanden. Während Gabi sehr entspannt war, war Lars weiterhin sehr schüchtern und geradezu furchtsam. Allerdings kam es immer öfter zu kleinen Berührungen und Rangeleien. Eines Tages bekam Lars dabei ihren Schlüpfer zu fassen. Er war wahnsinnig aufgeregt und fragte sie ganz ängstlich, ob sie nicht den Schlüpfer ausziehen könne.

Sie sah ihn mit großen Augen bedeutungsvoll an und sagte nur: „Später!"

Lars wusste nicht genau, was das bedeuten sollte und hatte auch ein schlechtes Gewissen. Vor lauter Enttäuschung entfuhr es ihm: „Ach später, das ist meistens nie!"

Sie schaute ihn fröhlich an und lachte. Lars fasste allen Mut zusammen und sagte: „Jetzt ist schon später!"

Daraufhin lachte sie noch lauter und fröhlicher und zog sich den Schlüpfer aus.

Endlich! Herrlich!

Dabei war das wohl eher ein Zufall, jedenfalls nicht ein zielgerichtetes Wirken. Denn Lars und insbesondere Gabi hatten ein wenig Weinbrand getrunken, den ihre Mutter hinter dem Küchenschrank versteckt hatte. Hier lag nun die Wurzel seiner jahrelangen Auffassung, man müsse die Mädels erst betrunken machen, um sie dann flachzulegen. Denn die Mädchen waren ja wohl eigentlich immer dagegen, weil es auch für sie eine große

Sünde sein dürfte, überhaupt daran zu denken. Denn auch sie besuchten einen Konfirmandenunterricht und hatten ähnlichen Erziehungsmustern zu folgen. Lars' Klassenkameraden berichteten ihm von ähnlichen Erlebnissen, bei denen die Mädels ebenfalls sehr angetrunken waren.

Leider kam es mit Gabi zu keinen weiteren Feuchtkontakten. Die Mutter hatte während ihrer Abwesenheit als Organistin die Flasche Weinbrand offenbar unauffindbar versteckt oder sie jeweils zu ihrem Orgelkonzert mitgenommen. Jedenfalls gab es keinen Alkohol mehr im Haus. Bei seinen nächsten Besuchen bei Gabi, bei welchen sie wiederum gemeinsam die Schule schwänzten, traute sich Lars nicht, Alkoholisches mitzubringen. Denn dies erschien ihm zu offensichtlich und zu plump, da das ganze ja sowieso verboten, schweinisch und sündhaft war.

Sie verstanden sich sehr gut und machten gemeinsame Unternehmungen, die allerdings nichts kosten durften. Denn Gabi und Lars hatten einfach kein Geld. In dieser Zeit erzählte ihm Gabi, dass sie eigentlich keine richtige Freundin habe. Die Mädchen in ihrer Klasse seien ziemlich dumm, ihr gegenüber zickig und außerdem eingebildet.

„Wieso eingebildet?", wollte Lars wissen. „Sind sie denn besonders hübsch?"

„Nein überhaupt nicht", sagte Gabi.

„Sind sie denn besonders intelligent?"

„Nein, im Gegenteil, sie sind recht dümmlich und haben außerdem auch schlechte Schulnoten."

„ Haben sie einen guten Geschmack, sind sie gut angezogen oder künstlerisch veranlagt?"

Gabi überlegte kurz: „Nein, das kann man wirklich nicht sagen."

„Ja, haben sie vielleicht reiche Eltern, einen bedeutenden Vater, ein großes Haus, ein dickes Auto? Ist der Vater Direktor oder Schauspieler?"

Auch das musste Gabi verneinen.

„Auf was sind sie dann eingebildet", wollte Lars dringend wissen.

Gabi überlegte wieder kurz und kam kichernd zu dem Schluss: „Darauf, dass sie Mädchen sind."

Eine erfrischende Erkenntnis. Lars war begeistert und erleichtert. Denn bis dahin hatte er die Mädchen immer als unnahbare Heilige angesehen, bei deren Anblick man bekanntlich keine schlechten Gedanken haben durfte. Man durfte sich nicht einmal vorstellen, dass auch sie einmal aufs Klo gehen müssten. Nun erzählte ihm zum ersten Mal ein Mädchen etwas über die Mädchen, was Lars bis dahin nie zu hören bekommen hatte. Er riss Gabi an sich und umarmte sie herzlich. Endlich ein Mädchen und dazu ein sehr hübsches, welches aussah wie eine Frau, aber fast dachte und redete wie ein Kerl.

In späteren Jahren erinnerte er sich bei entsprechenden Gelegenheiten immer wieder an diesen Moment: Das wäre wohl nicht schlecht, wenn mehr Frauen auch mal wie ein Kerl dächten! Aber nein: Sie erklären alles mit ihrem Gefühl, vor allem wenn sie etwas nicht verstehen und darüber auch noch diskutieren. Dann werfen sie den Männern vor, alles zu sachlich zu sehen oder noch arger: völlig unromantisch zu sein. Aber warum betonen sie immer den Gegensatz von Gefühl und Verstand? Beide sind doch keine Gegensätze oder gar Widersprüche, sondern zwei Seiten einer Medaille. Wenn es einem gelänge, beide Seiten sich gegenseitig ergänzen zu lassen und sie auch kontrollieren zu können, dann wäre man richtig, dann wäre man ausbalanciert.

Lars' Freunde jedenfalls beneideten ihn darum, dass er mit so einem außerordentlich hübschen Mädel unterwegs war. Sein schon damals bester Freund Ludwig, ein selbstbewusster Individualist, bemerkte dazu in seiner trockenen Art: „Auf der kannst Du Dich sehen lassen." Allerdings dauerte die junge Romanze nicht lange. Gabi wandte sich einem anderen Jungen zu, der hieß Dietmar, genannt Didi. Er war sehr fein angezogen. Seine Eltern waren recht wohlhabend. Er hatte bereits einen Führerschein und fuhr bei Gabi hin und wieder mit dem elfenbeinfarbenen Mercedes seines Vaters vor. Im Nachhinein betrachtet war der Grund zum Wechsel wohl der, den Lars später so formulierte: „Geld macht sexy, Geld ist sexy", oder so ähnlich.

Nun versuchte Lars sich an die zweite Schönheit des Gymnasiums, nämlich Birgit, genannt Biggie, heranzumachen. Er fand heraus, dass Biggie einmal in der Woche, es war der Dienstag, nach der Schule nicht unmittelbar nach Hause ging, sondern ein ganzes Stück in seine Richtung. Seitdem ging er dienstags wieder zur Schule. Er schlurfte einige Male wie ein Trottel hinter ihr her. Eines Tages – sie hatte natürlich schon gemerkt, dass er hinter ihr her getrottet war – fasste er Mut, überholte sie und fragte, ob er sie ein Stück begleiten könne. Sie sagte ganz leise Ja und erzählte ihm im Laufe des Weges, dass sie dienstags immer zu ihrer Tante zum Mittagessen gehe. Biggie hatte ganz schwarze Haare, dunkle Augen und eine bräunliche Hautfarbe, was in Norddeutschland damals nicht gerade üblich war. Es stellte sich in der etwas mühsamen Unterhaltung heraus, dass sie mit ihren Eltern aus Schlesien geflüchtet war.

Lars begleitete sie an folgenden Dienstagen noch ein bis zweimal. Aber seine Versuche, mit ihr eine Verabredung zu treffen, hatten keinen Erfolg. Dies lag wohl weniger daran, dass er ihr zuwider war. Vielmehr war sie außerordentlich schüchtern, ja geradezu scheu, sich mit ihm in der Öffentlichkeit zu zeigen. Auch war die Unterhaltung mir ihr sehr schleppend, da sie kaum mehr als Ja und Nein herausbrachte.

In dieser Zeit übten sich seine Klassenkameraden in verschiedenen Aktionen, welche die Mädchen auf sie aufmerksam machen sollten. So drehten sie auf dem Schulhof mehrere Pirouetten mit ihrem Fahrrad, rauchten auffällig; zogen mit ausholenden Bewegungen Zigaretten hervor und warfen sich die Dinger unter Anwendung allerlei Kunststücke zu bzw. mit mehreren Verwirbelungen in den eigenen Mund oder in den Mund eines Freundes. Man gab sich mit großartigen Gesten Feuer. Bei diesen Kunststücken, Fahrradpirouetten und Diskussionen gab es natürlich auch Verletzungen sowie Streitereien und Prügeleien. Dies alles sollte wohl die Aufmerksamkeit der Mädels erregen, denn sie schielten dabei immer zu den Mädchengruppen hinüber.

Allerdings war das Interesse der Mädchen sehr gering. Sie schauten sich die Rüpeleien eher befremdet und geringschätzig an. Sie glichen eher einer Schar von Hirschkühen, die den wüsten Kämpfen der Hirsche zur Balzzeit keine Aufmerksamkeit schenken, sondern in

Ruhe weitergrasen, bis der Chef vom Kampfplatz sie bespringt. Durch das Nahen des Siegers verfielen die Hirschkühe in eine Duldungsstarre. Dieses Ende fand auf dem Schulhof jedoch nicht statt. Trotzdem gingen diese versuchten Balzrituale der Mitschüler weiter, ohne dass es auf diesem Wege erkennbar zu der Herstellung von Kontakten oder zu einem dem Balzplatz der Hirsche vergleichbaren Abschluss kam. Sie gewöhnten sich schon in jungen Jahren an ihre dauernde Eigenschaft als Loser.

Einige Mitschüler kristallisierten sich heraus, die offenbar mehr zu wissen glaubten, wie man zweifelsfrei den Mädchen gefallen könnte. Sie trauten sich immerhin, ein Gespräch mit den Mädchen anzufangen. Der Inhalt bestand meist darin, dass sie ihre eigene Stärke und Sportlichkeit priesen, dass sie besonders gut und weit oder tief tauchen könnten, dass ihr Vater ein sehr einflussreicher Mann sei, dass sie unlängst einen Stärkeren zusammen geschlagen hätten, oder ähnliches. Alle diese Erzählungen hatten gemeinsam, dass sie zu Zeiten und an Orten stattgefunden haben sollten, bei denen die Zuhörerinnen oder auch andere nicht dabei gewesen waren. Zudem meinten diese Typen, die Mädchen beschützen zu müssen, nicht nur vor allgemeinen Gefahrensituationen, sondern insbesondere auch vor anderen Jungen, die sich ihnen nähern wollten. In solchen Situationen spreizten sich diese Typen besonders und gaben einem zu verstehen, dass man hier nichts zu suchen habe. Sie führten besonders laute Reden und ließen keinen anderen zu Wort kommen. Diese Bürschchen traf man später wieder als Ellenbogentypen, die je nach Möglichkeit jeden Geschlechtsgenossen behinderten oder verunglimpften, sobald sie ihre Interessen auch nur annähernd gefährdet sahen.

Zu jener Zeit versuchten sie also jeden Zugang anderer zu den Mädchen, mit denen sie gerade redeten, zu verhindern. Als einer von diesen Typen eines Tages erfuhr, dass Lars nach Schulschluss hin und wieder Biggie auf dem Nachhauseweg begleitete, stellte er ihn hierzu unvermittelt zur Rede. Er fragte ihn, was er denn von Biggie wolle. Er machte ihn ganz unverfroren darauf aufmerksam, dass es besser für ihn wäre, wenn er die Finger von ihr lasse. Lars sagte ihm nur ganz ruhig, dass er sie ab und zu nach Hause begleite und was er denn dagegen habe. „Du lässt gefälligst die Pfoten von ihr", beschied er Lars. „Sie geht nämlich in meine Klasse und da hast du gar nichts zu suchen. Wenn das noch mal vorkommt, dann geht es dir schlecht."

Lars war wesentlich schmächtiger und schwächer als er, fragte ihn aber trotzdem in leicht provokantem Ton, ob er denn mit anderen Mädchen aus seiner Klasse sprechen oder sie gar nach Hause begleiten dürfe.

„Da hast du überhaupt nichts verloren; von den Mädchen, die ich kenne, hältst du dich gefälligst fern! Sonst passiert was, was du lange nicht vergessen wirst."

Damit hatte er den Kreis seiner Unberührbaren nur noch weiter gezogen. Lars durfte also nach seiner Auffassung fortan mit keinem von den Mädchen reden, die der Meister kannte oder eventuell auch nur zu kennen glaubte. Er musste wieder an eine Fernsehsendung denken, in der ein siegreicher Platzhirsch um seine Herde von Hirschkühen herum trabte und jeden anderen Hirsch, der es wagte, näher zu kommen, mit seinem gewaltigen Kopfgeschirr bedrohte. Immer wenn er diesen Mitschüler künftig sah, fiel ihm spontan die Bezeichnung „der Platzhirsch" ein.

Da sich mit der hübschen Biggie ohnehin nichts entwickelte, kam es im Folgenden auch nicht zu nennenswerten Konflikten mit dem Platzhirsch, zumal die anderen Mädchen aus seinem vermeintlichen Harem sehr unattraktiv waren.

Trotzdem beobachtete er den Typen weiter, der sich offenbar selbst als erotischen Platzhirsch verstand. Die Mädchen hörten seinen vielen Tiraden amüsiert zu. Aber irgendwelche Freundschaften oder erotische Beziehungen entwickelten sich anscheinend nicht. Denn man sah ihn weder in der Schule noch außerhalb in Begleitung eines einzelnen oder gar halbwegs attraktiven Mädchens. Entweder wollte oder konnte er seine Herrschaftsansprüche nicht in einem oder mehreren engeren Verhältnissen mit dem anderen Geschlecht umsetzen.

Kapitel 5

Manche Jungen waren da anscheinend etwas geschmeidiger. So gab es zum Beispiel den einen oder anderen, den Lars als erotischen Aasgeier bezeichnen würde. Ein erotischer Aasgeier spürt oder wittert geradezu, wenn eine bestehende Beziehung zwischen einem Knaben und einem Mädchen ins Wanken gerät oder gar zu Ende geht. Sofort ist der erotische Aasgeier zur Stelle und schmiegt sich als guter Freund und Tröster in das Herz des Mädchens. Er sagt ihr all die schönen Dinge, die sie bei ihrem bisherigen Liebsten so vermisst hat. Er macht ihr anhand von anderen Beispielen geschickt klar, wie man mit ihr umgehen müsse, wenn man es mit ihr ehrlich meine. In ihrem Schmerz über die verfaulte Affäre mit ihrem verflossenen Freund ist sie nur allzu bereit, süße und vermeintlich aufrichtige und einfühlsame Reden des erotischen Aasgeiers aufzunehmen, der ihr in allen Varianten klar macht, dass der andere sie nicht verdient habe, dass der ein gefühlloser Rohling, ja sogar ein Wüstling und Unhold sei, von dem ohnehin allseits allerlei Unerfreuliches und Bedenkliches geredet werde.

Während dieser erotische Aasgeier immerhin zunächst eine angenehme und liebenswürdige Seite eines neuen männlichen Begleiters zu bieten bereit ist, ist die nächste Spielart erotischer Annäherungen wesentlich perfider: Der erotische Abstauber ist der Typ, der sich heimlich, hinterrücks und unbemerkt an die jeweilige Freundin eines seiner Freunde heranmacht. Zu diesem Zweck beobachtet er deren Verhältnis genau, und er bemerkt die kleinsten Meinungsverschiedenheiten, Eifersüchteleien oder sogar Streitereien und Kräche zwischen seinen Zielpersonen. Er spielt zwar den guten Freund, wartet aber auf die entsprechende Gelegenheit, seinem angeblich guten Freund die Freundin auszuspannen. So will er sich die ganze Vorarbeit wie Ansprechen, Ausführen, sich beliebt machen etc. ersparen. Er ist ja der Freundin bereits gut bekannt und zeigt sich in ihrer Gegenwart immer von seiner besten Seite. Heimlich, das heißt immer in Abwesenheit seines Freundes, versucht er jedoch, dessen Freundin anzumachen. Die Gelegenheit erscheint ihm besonders günstig, wenn – wie es ja vorkommen soll – zwischen den beiden besonderer Krach ist. Das ist seine Stunde. Er ruft sie zufällig an, nennt sie Spatz, Mauseschlingel oder dergleichen. Er führt sie aus, tröstet sie mit allem möglichen guten Essen, angenehmen Tischgesprächen und füllt sie reichlich mit wohlschmeckenden Cocktails ab. Ist der Krach für das Mädchen besonders schmerzlich, so kommt ihm eine besondere Eigenschaft vieler Mädchen zustatten. Sie gehen mit dem besten Freund ihres noch – bzw. Exfreundes – ins Bett, und zwar nicht unbedingt aus sexueller Freude, sondern allein aus Rache. Denn – so geht die Überlegung – durch Andeutungen wird ihr Noch- bzw. Exfreund früher oder später erfahren, was sie mit seinem Freund angestellt hat. Damit hat sie sich besonders wirksam gerächt. Denn damit hat sie nicht nur ihrem Exfreund eins ausgewischt. Sie hat auch alles dafür getan, dass seine Freundschaft mit seinem besten Freund zerstört wird. Dieses besonders bösartige Spiel mit den Rachegelüsten wird Lars sich später als gewiefter erotischer Abstauber einer Exfreundin bewusst zunutze machen.

Eine klägliche Variante in diesem Bereich ist der erotische Spielverderber. Wenn er mit seinen Annäherungsversuchen bei einem Mädchen keinen Erfolg hat, aber zu seinem Ärger bemerken muss, dass ein anderer besser vorankommt, dann tut er alles, um eine aufkeimende Annäherung der beiden zu stören und vor allem zu verhindern. Er verwickelt den einen oder die andere in ein Gespräch und unterbricht auf diese Weise jedes andere Annäherungsgespräch. Er mahnt den einen oder anderen laut und vernehmlich an seine derzeit bestehende Liaison. Er schlägt einen plötzlichen Ortswechsel vor. Er erinnert den einen oder anderen, dass er dies und jenes noch dringend erledigen müsse und dass es hierfür nun Zeit sei. Kurz: er tut alles, um Annäherungen oder gar Verabredungen zu verhindern. Sein einziges Leitmotiv ist: Was ich nicht kriegen kann, soll auch niemand anders haben. Und noch schlimmer: Was ich gehabt habe, soll auch kein anderer bekommen.

Die trostloseste Figur in dieser Gilde ist der erotische Aufschneider. Er versucht damit zu beeindrucken, dass er zunächst aufzählt, was er alles hat und wen er alles kennt. In seiner ebenso trostlosen wie unerbittlichen Aufzählung merkt er gar nicht, wie er seine Gesprächspartner langweilt. Etwas interessanter wird diese Selbstdarstellung nur, wenn sich ein zweiter Aufschneider hinzugesellt. Dann versucht jeder der beiden den anderen zu übertrumpfen, indem er immer fantastischere Geschichten und Ereignisse auftischt, die immer an Zeiten und an Orten stattgefunden haben, zu welchen keiner aus der Gesprächsrunde anwesend war. Und wenn das alles nicht reicht, dann trumpft unser Aufschneider damit auf, dass zumindest sein bester Freund ein noch schöneres Haus bzw. ein noch größeres Auto, eine erheblich größere Yacht besitzt etc. etc. Diese Aufschneider tragen auch nicht einfache elegante Schuhe oder Hemden usw. Nein, es muss teuer aussehen. Hierzu eignen sich fantastische Sonnenbrillen, möglichst mit einer auf den Preis oder den Hersteller hinweisenden Applikation, geschmacklos, aber teuer gemusterte Oberhemden, Pullover mit Markenzeichen, Schuhe mit bizarren Schnallen und Knöpfen oder ähnlichem.

Derartige Ichlinge erzeugen, ohne es zu merken, eine peinliche Situation. Sie merken es deswegen nicht, weil ihnen kaum jemand widerspricht. Man war ja schließlich bei ihren sorgsam auf eine frühere Zeit datierten Großtaten weder dabei gewesen noch mit seinen bedeutsamen Freunden bekannt geworden. Aber es gibt noch eine weitere Methode, die ebenfalls sowohl im oberen als auch im unteren sozialen Bereich zu finden ist. Es handelt sich um den erotischen Sülzknochen. Dies ist wohl die mühsamste Art an den ersehnten Geschlechtsverkehr mit der hierfür auserwählten Dame zu kommen. Hierzu bedarf es einer länger dauernden Strategie. Sie besteht vor allen Dingen darin, sich gegenüber der Dame sehr zuvorkommend und galant zu verhalten und ihr pausenlos schöne Dinge zu erzählen, ihr immer wieder Komplimente über ihre Erscheinung, ihre Kleidung, über ihre Gestik und ihren Gang sowie über ihr Aussehen, ihre Frisur und ihre Hände und so weiter zu machen. Dabei ist allerdings darauf zu achten, dass man die den erotischen Sülzknochen am meisten interessierenden Körperteile der Dame gewissenhaft ausspart. Denn dazu hat die Dame schon von vielen Bewerbern sattsam Schmeichelhaftes gehört. Begleitend dazu sorgt der gewiefte erotische Sülzknochen neben dem seelischen Wohl auch für das körperliche Wohlbefinden, indem er der Dame den Stuhl zurecht rückt, ihr Getränke besorgt und sie einfühlsam fragt, was sie am liebsten essen möchte und schließlich auch die Rechnung bezahlt. Der geschulte Sülzknochen höheren Grades preist beispielsweise ihre feingliedrigen Arme, ihre Schultern mit dem Übergang zum Hals etc. etc. Besonders tunlich ist es, ihre Hände zu rühmen. Ein beliebter Übergang zum körperlichen Kontakt besteht darin, die eine oder andere Hand zu ergreifen mit dem Vorschlag, ihr aus der Hand zu lesen. Man kennt diese männliche Spezies und ihre Art der Annäherung aus entsprechenden Genre-Filmen, in denen schneidige Herren, möglichst in Uniform, der Dame galant den Arm bieten, um sie eine Treppe hinauf oder hinab zu geleiten oder zum Tisch beziehungsweise zur Tanzfläche zu führen. In Anlehnung an derartige Filme ist es durchaus ratsam, ihr hin und wieder einen scheuen, aber überaus treuen Blick mitten in die Augen zu werfen, um bei dieser Gelegenheit und bei diesem Tun mit zart schmelzender Stimme die Sanftheit ihrer Augen zu rühmen. Derartige Klischees werden trotz ihrer Plattheit nach entsprechender einfühlsamer Vorbereitung wohlwollend aufgenommen.

Aber Vorsicht: Auch hier ist Übermaß nicht zielführend. Es könnte zu einer allzu schleimigen Schmeichelei ausarten. Allerdings liegt die Grenze der Schmeichelei recht hoch. Denn schließlich hört die Dame derartige Komplimente, auch wenn sie wiederholt werden, sehr gern und nimmt ebenso wohlwollend die Hilfestellungen (Stuhl zurechtrücken, Arm bieten usw.) gern entgegen. Nur selten hört man in einem der besagten Filme eine derart umschmeichelte Dame sagen: „Mein Herr, das sagten Sie bereits mehrmals." Oder: „Du, lass mal gut sein, Alter!" Wie bereits angedeutet, gibt es beim angestrengten Sülzen durchaus Abstufungen nach oben und nach unten.

Wenn wir einige Stufen überspringen, so kann man durchaus einen selbstbewussten jungen Mann hören: „Hey, Zuckerschnecke, ich find dich wahnsinnig geil. Lass uns abhauen!" Eine solche Rede ist nicht schon von sich aus verwerflich, wenn sie nur in passendem Ton bei passender Gelegenheit geführt wird. Der junge Mann sagt ja nur, was er will. Der Ton ist ebenfalls dann nicht zu beanstanden, wenn er seinen natürlichen, augenblicklichen Bedürfnissen entspricht und durchaus bei der Angesprochenen Zustimmung finden kann. Immerhin ist wohlmeinend hervorzuheben, dass dieser junge Mann sagt, was er will und nicht lange darum herum redet. Außerdem ist sein Mut zu rühmen, dass er das Risiko eingeht, unangenehme Reaktionen zu erfahren. Denn die jeweils Angesprochenen reagieren unvorhersehbar und äußerst unterschiedlich. Die eine empfindet es gar nicht so als Unverschämtheit, in dieser direkten Weise angesprochen zu werden. Zwar ist es eine Unverschämtheit im Wortsinne, da dieser Mann sich eben nicht schämt, das auszusprechen, was er will. Dies wird man ihm nicht übel nehmen dürfen. Die Angesprochene kann dieses Angebot jederzeit mit angemessenen Worten ablehnen oder in sonstiger Weise ihr Desinteresse äußern.

Allerdings spielt in solchen Fällen die Prüderie oder auch ein anerzogenes Maß für Schicklichkeit eine Rolle, die die Angesprochene zu empörten Beschimpfungen veranlasst: „Was fällt ihm ein, diesem unverschämten Kerl?" Oder sie wirft ihm einen wütenden Blick zu und entfernt sich wortlos. Was aber geht in ihr vor? Zum einen gibt sie sich verletzt, weil man es soooo nicht machen kann. Andererseits war der Typ möglicherweise ja ganz ok, aber schließlich will sie auch erobert werden. Wiederum andererseits könnte sie sich auch geschmeichelt fühlen, weil ihr jemand unverblümt gesagt hat, dass er sie scharf findet.

Da es nun allerlei Abstufungen des erotischen Sülzknochens gibt, die man in unzähligen Beispielen ermüdend erläutern könnte, sei nur die unterste Kategorie kurz beschrieben. Die unterste Kategorie verzweigt sich wiederum in verschiedene Variationen, von denen hier nur zwei genannt werden sollen: Die eine geht nach dem Gesetz der großen Zahlen. Hier stellt der Mann zunächst fest, welche Frau gerade nicht in Eile ist, weil sie einen Schaufensterbummel macht oder in einem Café oder einer Bar sitzt. Er nähert sich, stellt sich kurz vor und fragt sie, ob sie mit ihm ficken will. Die weit überwiegende Zahl der Angesprochenen reagiert empört (siehe oben). Ein ganz kleiner Teil geht zum Teil belustigt, zum Teil zunächst befremdet auf ein Gespräch ein, und es kommt in ganz kurzer Zeit zum Abschluss. Der Betreffende geht aber bei diesem Spiel das Risiko ein, von ihr eine geknallt zu kriegen oder von umstehenden Herren unter Androhung von Gewalt verscheucht zu werden. Dieses Risiko muss er bewusst eingehen. Denn das Gesetz der großen Zahl gibt ihm über kurz oder lang bei ungefähr gleich bleibendem Prozentsatz den gewünschten Erfolg.

Der andere Sülzknochen ist die bei weitem niederste Figur aus sämtlichen Spielarten. Er spricht die Frauen mit immer denselben Sprüchen an, die er quasi aus einer Sammlung von Textbausteinen entnommen hat. In manchen gegen Gebühr abrufbaren Telefaxen oder Internetbrevieren werden derartige Sprüche angeboten und zur Anwendung empfohlen, die man sich ausdrucken kann. Zum Beispiel:

„Dein Vater muss ein Dieb sein!???? Ja, denn deine Augen sehen aus wie die wertvollsten Brillanten dieser Welt." Oder:

„Hat es sehr wehgetan, als du vom Himmel gefallen bist? Ach, ich habe vergessen, Engel können ja fliegen!" Oder:

„Die Farbe Deiner Bluse passt gut zu meiner Bettwäsche. Wollen wir das mal vergleichen?"

Eine erbärmliche vorgefertigte Massenware von Anmachsprüchen – aber: Es funktioniert hin und wieder doch. Es sollte also nicht ignoriert werden, dass auch diese Methode teilweise von Erfolg gekrönt ist.

Wie Lars im Laufe der Jahre rausbekommen hat, wollen nämlich auch Frauen vögeln, auch wenn sie es immer zu verbergen suchen, weiß der Teufel warum. Trifft man also mit derart schlaffen Sprüchen auf eine Frau im zum Geschlechtsverkehr bereiten Zustand, dann kann es gelingen.

Erklärt man manchen Mädchen diese Methode der vorgefertigten Sprüche, so hört man sofort und spontan: „Darauf würde ich nie hereinfallen!" Wenn dies mit besonders energischer Spontaneität geäußert wird, so erhebt sich durchaus der Verdacht, dass dieses Mädchen hierauf schon mindestens einmal hereingefallen ist.

In diesem Zusammenhang ist die Figur des Machos eine interessante Durchbrechung des allgemeinen Rollenspiels. Der Macho, von dem es sowohl die primitivsten als auch die intelligentesten Spielarten gibt, erscheint als Durchbrechung der Vorstellung, die eine Frau von einem idealen Mann üblicherweise vorgibt. Er ist triebhaft, egoistisch, ja teilweise sogar als chauvinistischer Frauenverächter bekannt, in jedem Falle aber sehr bestimmend. Aber er wird von den Damen gerade deshalb heimlich geschätzt. Der Grund liegt wohl darin, dass sie aus der schlechten erniedrigenden empathielosen Behandlung schließen, dass er auch im sonstigen Leben große Durchsetzungskraft habe, also ein wahrer Krieger sei.

Es ist seltsam (und Lars hörte nicht auf, sich darüber zu wundern): Viele einfallslose Rüpel haben deshalb mit ihrem schäbigen oder gar proletigen Vortrag Erfolg, weil es den Mädchen gefällt, überhaupt angesprochen oder sogar erniedrigt zu werden. Es scheint für sie ein ungeschriebenes Gesetz zu gelten, niemals selbst einen Mann anzusprechen. Es versteht sich von selbst, dass mit zunehmender Erfahrung der Mädchen diese beschriebene Methode immer weniger verfängt. Andererseits muss aber erwähnt werden, dass auch stumpfe Sprüche bei den Damen eine freundliche Resonanz finden, wenn sie entsprechend charmant vorgetragen werden.

So hat Lars im späteren Alter, zunächst unter leichtem Alkoholeinfluss einer Dame in der Kneipe nachgerufen: „Du hast den schönsten Arsch von Oberbayern!" Hierauf erntete er ein freundliches und lächelndes „Danke!" und der hübsche Arsch entfernte sich wackelnd. Als Lars diesen Spruch in der Folge hin und wieder anbrachte, war die Reaktion fast immer in ähnlicher Weise freundlich.

Kapitel 6

Wie dem auch sei: Lars hatte von diesen unterschiedlichen Spielarten in seiner Zeit als Schuljunge natürlich noch keine Ahnung. Er steckte in Nöten, musste immerfort an nackte Frauen denken. Er wurde in der Schule immer schlechter, weil er kein Interesse, keine Zielsetzung und schon gar keine Lebensplanung hatte. Die Lehrpläne waren zum größten Teil staubtrocken. Die Schüler mussten ca. fünfzehn verschiedene lateinische Versformen lernen. Sie erfuhren aber nicht einmal ansatzweise etwas von Wirtschaft, Politik, Recht, geschweige denn von Sexualität. Lars trieb nur die Frage um, wie er wieder an ein Mädel wie Gabi kommen konnte und wie er seine Triebe ablassen konnte. Denn die Mädels blieben für ihn unerreichbar. Ihm gefiel es auch nicht, mit Imponiergehabe auf sich aufmerksam zu machen, wie es seine Klassenkameraden taten. Wie er bemerkte, funktionierte das letztlich auch nicht. Im Übrigen erschien ihm ein solches Gehabe lächerlich und unecht.

Jedenfalls schwänzte er wie gewohnt weiter die Schule und beschäftigte sich mit der Frage, wie er mit Biggie weiterkommen könnte. Er sah sie immer wieder auf dem Schulhof. Sie war still und beteiligte sich allenfalls passiv an den ununterbrochenen Unterhaltungen der Gruppen von Mädchen, die sich unentwegt irgendetwas mit höchster Bedeutsamkeit erzählten und immer wieder in Gekicher ausbrachen. Lars wollte ergründen, was sich diese Mädchen dauernd erzählten und was sie immer wieder zum Kichern brachte. Er stellte sich mit seiner Kakaoflasche und seinem Pausenbrot auf dem engen Schulhof unauffällig ganz in die Nähe einer solchen Gruppe. Dabei schaute er gespielt interessiert auf den an der Schulhofmauer entlang fließenden Straßenverkehr.

Er wandte also den Kopf und das Gesicht mit angestrengtem Gesicht zur Straße und kritzelte etwas auf einen Zettel, den er auf die Mauer gelegt hatte. Er tat so, als ob er Beobachtungen, Geschehnisse oder Autos auf der Straße notierte. Er hatte sich zwei bis drei Meter rechts von einer Gruppe Mädchen hingestellt, die ihn nicht beachteten. Denn er war ja anscheinend mit dem Ausfüllen eines Zettels voll beschäftigt. Allerdings hatten sie nicht bemerkt, dass sein linkes Ohr unmittelbar zu der Mädchengruppe gerichtet war, weil es sich ja im rechten Winkel zu seinem angeblichen Objekt seiner Aufmerksamkeit befand. Das linke Ohr war zu dieser Zeit das brauchbare, das gute Ohr. Denn auf das rechte Ohr hatte Lars am Tag zuvor einen Schlag mit der Faust erhalten, weil er sich nach Auffassung des aggressiven „Platzhirschen" zu sehr einer Mädchengruppe genähert hatte, für die sich der Platzhirsch allein zuständig fühlte. Jedenfalls kritzelte Lars eifrig auf seinem Zettel, während er angestrengt mit dem linken, dem guten Ohr versuchte, den Inhalt des Gesprächs der Mädchen zu erfassen.

Der genaue Inhalt dieses Gesprächs ist nicht überliefert. Lars erinnerte sich, dass es sich um das allseits übliche Teeny-Geschwätz handelte, etwa folgenden bedeutungsschweren Inhalts: „Schau mal, was die heute anhat. Wer? Na die Silke, das geht doch nicht, schon allein die Farbe – unmöglich; die will wohl dem Heini da imponieren; sieh mal da drüben – och, ist der süüüüß – ich glaub, der heißt Wolfgang, sein Vater ist Zahnarzt und fährt Porsche. Die legt sich aber ins Zeug, dauernd geht sie dicht an ihm vorbei, du, die versucht sogar, ihn anzurempeln – widerlich diese Anmache, typisch für diese Schlampe etc. etc."

Diese Unterhaltung der Mädchengruppe brachte Lars keine Erleuchtung. Die Mädchen redeten offenbar ständig und wiederholt über die Dinge, die andere erlebt oder getan hatten. Es handelte sich im Wesentlichen um Klatsch mit dem Inhalt, dass man das nicht machen könne, wie furchtbar diese und jener sich verhalten hätten. Grässlich, mit welchen Klamotten die eine oder die andere herumlief. Sie selbst machten allerdings nichts. Sie bewegten auch nichts und schmiedeten auch keine Pläne, was sie bewegen oder gar ändern wollten. Sie sprachen meistens abschätzig über zurzeit nicht anwesende Schulkameradinnen und hetzten darüber, wie die sich anzögen, wie sie sich verhielten und in welcher Weise sie diesen oder jenen Knaben anzumachen versuchten und so weiter. Ein Teil des Gesprächs ging auch darum, welchen Jungen sie „süß" fanden. Dieser Glückspilz wusste allerdings nichts davon. Denn er erfuhr auch nicht von ihnen, dass er gerade „süß" gefunden wurde. Jedenfalls schienen sie unter keinem solchen Druck im Höschen zu leiden wie die Knaben, über deren Balzkapriolen sie sich meist nur lustig machten.

Lars grübelte dauernd, wie er mit Biggie weiter kommen konnte, ob er es noch mal versuchen sollte. Diese Entscheidung wurde ihm bald abgenommen. Eines Tages, nach einer Turnstunde, schlenderte Lars von der Toilette über das Treppenhaus in Richtung Schulhof. Da hörte er vom oberen Stockwerk ein leises Kichern aus dem Umkleideraum der Mädchen. Das machte ihn neugierig. Denn es war nicht das übliche Lärmen nach einer

Mädchenturnstunde im Umkleideraum. Vielmehr war es nur ein Flüstern oder Kichern von ein oder zwei Mädchen. Er schlich die Treppe hinauf und fand, dass dieses Kichern anders als auf dem Schulhof klang. Es klang etwas irre und zusammenhanglos.

Dann wurde geflüstert und es war wieder still. Lars stieg auf einen Sims an der Ecke der Wand und schaute vorsichtig durch ein Oberlicht in den Umkleideraum. Da sah er zwei Mädchen. Das eine kannte er aus seiner eigenen Klasse. Sie hieß Uta, wurde aber von den Schülern Paul genannt, weil sie einen sehr kurzen, jungenhaften Haarschnitt hatte und immer Lederhosen mit Hosenträgern trug. In dem dunkelhaarigen Mädchen erkannte er Biggie. Beide hatten ihr Turnhemd an, das sie aber hochgezogen hatten. Die Mädchen küssten sich an den Brüsten und fuhren mit ihren Fingern untern den Slip der anderen. Dabei kicherten und tuschelten sie, herzten und küssten sich. Lars war maßlos erregt. Er konnte sich nicht satt sehen. Am liebsten wäre er in den Umkleideraum gestürzt, um mitzuhelfen. Aber er traute sich nicht. Er fasste sich selbst in die Hose und es kam sofort zu einer Entladung. Völlig erschöpft versuchte er sich mit dem Taschentuch abzutrocknen. Er schlich sich herunter und säuberte sich auf der Knabentoilette, so gut es ging. Er schleppte sich auf den Schulhof. Er wusste nicht, wie er damit umgehen sollte. Das war doch eine ungeheure Schweinerei, was die Mädchen da trieben. Und dabei hatten sie auch noch gelacht! In der nun wieder beginnenden Schulstunde beobachtete er Paul. Sie benahm sich völlig normal und nahm am Unterricht mit interessiertem und freundlichem Ausdruck teil.

In der nächsten großen Pause machte Lars sich auf die Suche nach Biggie. Er fand sie auf dem Schulhof – wie üblich – zurückhaltend, allein und schweigsam und nachdenklich, als ob sie sich innerlich auf die nächste Schulstunde vorbereitete. Lars beschloss, sie jetzt nicht anzusprechen. Er überlegte sich, wie er eine Strategie entwickeln könnte, bei den Spielen der beiden Mädchen mitmachen zu können. Aus diesem Grunde erzählte er auch seinen Klassenkameraden nichts über das, was er beobachtet hatte. Auch gegenüber Paul vermied er jeden Blick, jede Andeutung, die darauf schließen lassen könnte, dass er von ihrem Treiben mit Biggie etwas wusste.

Einige Tage später – es war wieder Dienstag – folgte Lars Biggie wieder auf ihrem Weg zu ihrer Tante. Er bot ihr seine Begleitung an. Die Unterhaltung war wieder sehr mühsam und insbesondere von Biggie sehr einsilbig. Dies änderte sich erst, als Lars zur Sache kam: „Sag mal, Biggie, du bist doch ganz gut mit Uta befreundet?"

„Wie kommst du denn darauf?", wollte Biggie wissen.

„Tja, Uta ist doch in meiner Klasse."

„Na und?"

Lars wartete, dass Biggie sich vielleicht konkreter erkundigen würde, warum Lars sie auszufragen begann.

Und tatsächlich: „Warum willst du etwas über eine Freundschaft mit Uta wissen?", erkundigte sich Biggie.

„Na ja, ich möchte auch gern mit euch zusammen befreundet sein. Ihr seid ja doch wohl sehr gut befreundet!"

„Was meinst du damit? Was willst du?"

Lars war etwas verlegen, musste aber nun hierzu etwas sagen und druckste etwas mühsam herum: „Na ja, ihr mögt euch doch sehr, ihr macht doch so kleine Spielchen!?"

„Bist du verrückt geworden, was meinst du damit?", presste Biggie hervor.

„Na ja ihr fummelt doch so miteinander herum und das macht bestimmt großen Spaß und" – Lars zögerte ein wenig – „ich würde da gern mit euch mitmachen."

Biggie wurde immer lebhafter: „Bist du noch bei Trost, was fantasierst du da?"

„Tja, das war ein Zufall. Letzte Woche war ich nach der Turnstunde zufällig der letzte im Umkleideraum. Als ich von der Toilette kam und rausgehen wollte, sah ich zufällig eine Fledermaus, die zufällig nach oben ins Treppenhaus flatterte"

Biggie: „Und weiter?"

„Ich wollte wissen, wo die hin flatterte und ob die vielleicht oben ihren Stammplatz hatte oder Insekten suchte oder so was."

Biggie fuhr in an: „Was soll das? Ich habe im Treppenhaus noch nie eine Fledermaus gesehen."

„Doch, doch", beeilte sich Lars, „die flog direkt zum Oberlicht und hängte sich dort an den Haken. Und als ich sehen wollte, ob sie dort bleiben würde oder im Lüftungsrohr verschwinden wollte, da sah ich rein zufällig in euren Umkleideraum."

„Na und, was soll das?", fragte Biggie.

„Na ja, da sah ich zufällig euch beide, Paul und dich, wie ihr euch geknutscht und befummelt habt."

„Was für ein Zufall!", fauchte Biggie. „So viele Zufälle, das kann kein Zufall sein, du Schwein hast uns nachgeschnüffelt!"

Biggie war nun zum ersten Mal wirklich lebhaft. Ihr brünetter Teint wurde noch etwas dunkler. Sie sah sehr zornig aus.

„Nein, nein", wehrte Lars ab, „ich habe euch nicht nachgeschnüffelt. Ich war wirklich nur neugierig, was die Fledermaus dort im Treppenhaus treibt."

Biggie war richtig wütend: „Wenn du irgendjemandem etwas davon erzählst, presste sie hervor, dann ... dann!"

„Was dann? Ich möchte doch euer Freund sein", flehte Lars.

„Wenn du irgendjemandem irgendetwas sagst, dann wird es dir schlecht ergehen", drohte Biggie.

„Wieso", fragte Lars. „Ich habe doch nichts Schlimmes getan."

„Doch, du hast den Spanner gemacht, und zwar im Mädchenumkleideraum. Damit kannst du von der Schule geschmissen werden."

Oh Gott, dachte Lars, wenn das rauskommt, bin ich erledigt. Und zuhause auch. Dann stecken sie mich in die Presse. So nannte man damals ein Internat für schlechte und schwer erziehbare Schüler.

Lars drohte nur noch matt: „Dann fliegt ihr auch von der Schule, wenn eure Sache rauskommt."

Biggie klärte ihn aber höhnisch auf: „Was meinst du wohl, wem man glaubt, wenn Uta und ich schwören, dass wir uns ganz normal umgezogen haben und dich beide plötzlich beim Spannen durch das Oberlicht erwischt haben?"

Lars kapitulierte. Nun war auch der Traum zu dritt ausgeträumt. Bis dahin hatte er immer gedacht, dass Mädels nahezu Heilige sind, die nichts Schlimmes machen. Die gehen wohl nicht einmal aufs Klo, allenfalls unter die Dusche und machen schon gar nicht sündige Sachen, hatte er immer gedacht. Und nun noch diese gefährliche Drohung, die sie nicht einmal selbst wahrmachen, sondern mit Hilfe der Schulleitung ins Werk setzen wollten! Man kann tatsächlich nicht dahinter blicken, was die so denken und treiben. Denn sie sagen ja nichts. Sie erzählen nie direkt von solchen Sachen, machen allenfalls unverständliche Andeutungen, wenn überhaupt.

Es schien Lars aber, dass abgesehen von den ganzen braven Mädchen, es wohl auch ganz schlimme Ausnahmen gibt, die ihm auch deshalb so furchtbar drohen können. Lars war aufs Äußerste verängstigt und vor allem nachhaltig verwirrt. Dieses zarte und schweigsame Mädchen konnte derart explodieren und ihm trotz der eigenen schweren Sünden in geradezu teuflischer Weise drohen. Da sagten die Mädels nichts, da machten die Mädels nichts, und nun machte er plötzlich derartige ungeheure Entdeckungen. Offenbar legten diese Mädels einfach los, ohne großartig darüber zu reden. Sie verstanden sich offenbar in einer Art Geheimcode. Denn niemand konnte bis dahin ahnen, was Biggie und Paul so miteinander trieben. Also dachte Lars, dass man am besten wohl einfach mal losmachte mit den Mädels, und zwar ohne lange Vorreden.

Kapitel 7

Einige Tage später fuhr er mit seinem Freund auf dem Fahrrad von der Schule nach Hause. Sie kamen an einem Haus mit Garten vorbei, in welchem zwei Mädchen Federball spielten. Sie hielten an, um den Mädchen zuzuschauen, wie sie herumsprangen und ihre Brüste wippten. Die eine hatte eine derart enorme Oberweite, dass es Lars so schien, als ob der Himmel sich dadurch verdunkelte. Doch war ihm wohl selbst nur schwarz vor Augen geworden, als er diese Dinger sah. Sie fragten die Mädels, ob sie ein wenig mitspielen dürften. Die berieten sich kurz und erklärten sich einverstanden. Die eine hieß Gerti, die andere Sylvie. Lars konnte sich angesichts ihrer prallen Formen die Namen ohnehin nicht merken.

Als ihm die eine mit der respektablen Oberweite ziemlich nahe kam, um ihm die Regeln zu erklären, fasste Lars einen waghalsigen Entschluss. Er dachte, man muss einfach mal losmachen. Gesagt getan. Mit gekrümmtem Zeigefinger lüpfte er die in einem strammen dünnen Pulli sitzende linke Brust. Es war ein herrliches Gefühl. In demselben Moment bekam er von dem Mädchen aber eine derartige Ohrfeige geknallt, dass ihm nun wirklich schwarz vor Augen wurde. Das Spiel war beendet. Beide verließen mit gesenktem Kopf den Garten und bestiegen ihre Räder.

„Verstehst du das?", fragte Lars seinen Freund. Der wusste allerdings auch nichts Besseres zu sagen, als dass man so etwas eben nicht mache.

„Ja was macht man denn", fragte Lars ratlos. „Muss man nun lange sülzen, über eine Wiese oder im Wald spazieren und zufällig stürzen, so dass man gewollt zufällig übereinander herfällt? Oder muss man sie besoffen machen, damit alles leichter geht und später der Suff als Entschuldigung dient?"

„Ich weiß es nicht", sagte der Freund.

Also wussten sie beide nicht, was zu tun war. Sie blieben ratlos, hatten aber einen derartigen Druck, dass sie beschlossen, in den Puff zu gehen. Sie waren sich einig, dass sie ein wenig üben müssten, um die Scheu vor dem weiblichen Körper zu verlieren. Sie waren schon öfter nachts um den Puff herumgeschlichen, der sich über eine kleine abgesperrte Straße hinzog. Um älter auszusehen, hatten sie sich einen Hut und einen langen Mantel vom Vater angezogen. Bis dahin hatten sie sich nicht getraut, eine derartige Puffkneipe zu betreten. Sie hatten nur von außen, im Vorübergehen, kurze scheue Blicke hineingeworfen, wo halbnackte, meist ziemlich unansehnliche Frauen auf Plüschsesseln herumsaßen. Denn das war ja wohl die größte die Sünde, die man begehen konnte, im Puff seinen dringenden Nöten nachzugeben. Nun aber waren sie entschlossen, sich einmal richtig zu entladen, ohne ausgiebig lange mit ungewissem Ausgang auf ein ihnen bekanntes Mädchen einzusülzen.

Also besorgten sie sich zusammen das erforderliche Geld, indem sie sich Teile hierfür bei Schulkameraden einsammelten. So sprach Lars anfangs ihm bekannte Mitschüler in der großen Pause an und bat sie jeweils, ihm 50 Pfennige für einen Heißen Kakao und ein fades Brötchen zu „leihen". Als das recht gut klappte, wagte er sich auch an ihm bis dahin unbekannte Schüler, die ihm teilweise auch bereitwillig die erbetenen 50 Pfennig ‚für diesen guten Zweck' gaben. Er rechnete damit, dass einige Mitschüler sehr bald vergessen würden, diesen kleinen Betrag zurückzufordern. So trieb er es einige Tage lang, bis ihn ein Mitschüler anfauchte: „Gib mir erst einmal meine 50 Pfennig zurück, du Schnorrer!"

Was waren schon 50 Pfennig? Lars hatte nicht damit gerechnet, dass einer die wiederhaben wollte. Seine Methode hatte sich aber bald herumgesprochen. Lars war eine ganze Zeit persona non grata, so dass er sich noch wochenlang bemühte, seine Schulden zu begleichen. Da er die meisten seiner Gläubiger gar nicht kannte oder deshalb auch nicht wieder erkannte, musste er abwarten, dass einer von ihnen auf die geschuldeten 50 Pfennig zu sprechen kam. Das nutzten wieder einige unseriöse Schulkameraden aus, die ihm niemals etwas geliehen hatten, indem sie Lars barsch zur Rückzahlung aufforderten. So wurde dieses Geschäft, das ja als fremd finanziert geplant war, letztlich doch teurer, als er gedacht hatte. Sein Ruf war überdies stark beschädigt. Aber die Methode hatte sich gelohnt, weil sie Lars' ersten Puffbesuch ermöglichte, auch wenn er nun verschuldet war.

Um nicht aufzufallen, gingen die beiden am sehr späten Abend bei regnerischem Wetter in eine der Puffkneipen. Sie wurden sofort aufgefordert, ein Getränk, eine Art süßlichen Schaumwein zu sich zu nehmen, was sie brav taten. Es war kaum was los in dieser Kneipe, so dass sich sehr bald zwei Damen näherten, die eine eher dürr, die andere recht füllig. Sie stellten sich als Lilo und Dolly vor. Lars zitterte vor Angst oder auch Erregung. Er wusste es selbst nicht. Ihm war äußerst unbehaglich, weil das doch alles eine riesige Schweinerei war, was sie da vorhatten. Na ihr Knirpse, herrschte die füllige Dolly die beiden an, wollt ihr heute mal ein bisschen üben? Tatsächlich war Lars sofort sehr erleichtert, dass er nicht herumdrucksen musste, was er denn nun wollte. So überließ er es gern der Dolly, wie es nun weitergehen sollte. Na, dann komm mal mit, befahl Dolly. Lars wankte mit weichen Knien hinter ihr her und fragte schüchtern: „Was kostet denn das alles?" Dolly lachte und beschied ihn mit rauchiger Stimme: „Ein Zwanziger, wie immer." „Ist das ein Zeithonorar oder berechnen Sie das nach Anzahl?", wollte er wissen. „Für einmal, du Schlingel, und außerdem sagt man hier Du zu mir", belehrte sie ihn.

Gott sei Dank (auch wenn der jetzt gerade nicht hinschauen sollte), dachte Lars, denn er hatte aus den zahlreichen kleinen Darlehen etwas über dreißig Mark bei sich. Im Zimmer angekommen, zog sich Dolly sofort ihren grässlichen lachsfarbenen Schlüpfer aus und warf sich aufs Bett. Nun komm schon, herrschte sie ihn an. Ausziehen musst du dich schon alleine. Lars tat wie befohlen und Dolly machte sich recht kundig, aber lieblos an seinem Schwanz zu schaffen. Dann rollte sie ihm ziemlich roh und gefühllos ein Präservativ über und trieb ihn an: „Nun mach schon, steig auf! Wir sind doch nicht zum Spaß hier, hahaha!" Lars wollte sie nun auftragsgemäß besteigen, hielt sich zu diesem Zweck an ihren ziemlich prallen Brüsten fest. „Das kostet aber extra", keifte Dolly. Lars war nun ziemlich verstört. Erschreckt fragte er, wie viel soll denn das noch kosten? „Zehn Mark extra – wie immer", dröhnte sie. Da Lars gerade noch zehn Mark übrig hatte, fragte er schüchtern: „Zehn Mark pro Stück oder…?" „You are me so one." Kicherte Dolly. Das sollte wohl auf Deutsch heißen: „Du bist mir so einer."

Dolly trieb ihn nochmals zur Eile an. Nun mach schon fertig, schnauzte sie, Zeit ist Geld, obwohl doch in der Bar gar nichts los gewesen war. Sie hatte einfach keine Lust, ordnungsgemäß ihre Arbeit zu machen. Lars kam sich vor wie an der Melkmaschine oder bei der Grundausbildung bei der Bundeswehr, von der er schon nichts Gutes gehört hatte. Nun war es bald geschafft. Lars zog sich wieder an. Er war immerhin sehr erleichtert, aber die grobe Art hatte ihn doch eher ernüchtert und abgestoßen. Er fühlte sich wie ein Patient, dem man seine Leiden mit grober Behandlung vorübergehend gelindert hatte. Seinem Freund war es ähnlich ergangen. Sie schworen einander, dass sie nur in höchsten Notfällen diese Art der Entladung wiederholen würden. Immerhin waren sie entspannt. Sie wussten nun, was in Notfällen zu tun war. Allerdings traten diese Notfälle immer wieder ein.

Kapitel 8

Einige Zeit später lernte Lars durch seine Freunde in einem Steh-Café Maren kennen. Sie war eine große, schlanke, blonde Frau. Sie war in einer Parfümerie angestellt und war deshalb auch sehr gepflegt angezogen. Aber sie war vier Jahre älter als Lars. Sie war verheiratet, hatte ein Kind und befand sich bereits in Scheidung. Das war ein enormer Gegensatz zu seiner Lebenssituation. Gleichwohl war Maren ihm offenbar von Anfang an sehr zugetan. Sie richtete immer wieder das Wort an ihn und unterhielt sich ernsthaft und entspannt mit Lars, erkundigte sich, was er so im Leben machte, für was er sich interessierte und so weiter. Sie war eine richtige Dame, ganz anders als die üblichen Quietschmäuse auf dem Schulhof. Sie erschien Lars wie eine freundliche Tante, die eine familiäre Stimmung erzeugte. Sie lächelte unentwegt und strahlte Lars dabei immer wieder mit großen Augen an. Lars war begeistert. Er lächelte schüchtern zurück. Schließlich ging man auseinander.

Lars hatte sich nicht getraut, schon gar nicht in Gegenwart seiner Freunde, diese wundervolle Dame nach einem Wiedersehen zu fragen. In den folgenden Tagen musste er dauernd an sie denken. Allerdings traute er sich auch nicht, seine Freunde nach ihrem Nachnamen und ihrer Telefonnummer zu fragen. Er befürchtete, ausgelacht zu werden. Einige Tage später erhielt er einen Telefonanruf; es war „Tante Maren". Sie fragte ihn ebenso freundlich wie unaufgeregt, ob er Lust hätte, in den nächsten Tagen zu ihr zum Abendbrot zu kommen. Er war sehr aufgeregt und irritiert und fragte etwas hilflos, wer denn noch dabei sein werde, ob sie

Geburtstag habe oder ob es sonst einen bestimmten Anlass für die Einladung gebe.

Sie lachte und sagte nur in ihrer ruhigen und liebenswürdigen Tonart: „Du wirst schon sehen, also kommst du?"

„Ja, natürlich, gern", sagte er.

Als es soweit war, badete er ausgiebig, zog sich frische Sachen an und überlegte sich auf dem Weg, was er ihr mitbringen solle. Rote Rosen kamen auf keinen Fall in Betracht. Dies erschien Lars viel zu verbraucht und abgedroschen. Im Übrigen wusste er ja nicht, wer noch alles da sein würde. Auch von Pralinen hielt er aus demselben Grunde nichts. Also entschied er sich für einen einfachen bunten Blumenstrauß, den er im Blumenladen der benachbarten Floristin selbst zusammenstellte.

Maren wohnte am Stadtrand, den man mit einer Straßenbahn erreichen konnte. Lars hatte noch keinen Führerschein. Er besaß auch kein Mofa oder ähnliches. Maren hatte ihm ihren Nachnamen und ihre Adresse genannt. Sie wohnte in einem einfachen Häuserblock, der anscheinend aus Sozialwohnungen bestand. Er klingelte, der Türöffner summte und sie sprach durch den Lautsprecher, dass sie im zweiten Stock wohne. Sie stand selbst in der Tür. Drinnen spielte leise klassische Musik. Sie hatte ein blaues Kostüm an und trug hohe Schuhe. Sie lächelte ein sehr erfreutes Lächeln und bat Lars gleich zu Tisch. Als er bemerkte, dass nur für zwei Personen gedeckt war, fragte er sie etwas dümmlich, ob noch mehr Gäste kommen sollten.

„Nein", sagte sie, „es kommt keiner mehr. In dem Zimmer", sie wies hinter sich, „schläft mein kleiner Sohn. Der hat aber schon gegessen."

Lars half ihr beim Auftragen der Speisen, indem er sie mit ihr aus der Küche zum Tisch brachte. Es gab von ihr selbst gemachte Rindsrouladen. Beim Auftragen berührte sie ihn zweimal freundlich mit der Hand am Arm, um ihm zu zeigen, wo alles hingehörte. Das Tischgespräch verlief völlig neutral über ihren Beruf, über seine Schule, über ihre gemeinsamen Freunde, ohne dass besondere persönliche Themen berührt wurden. Lars vermied auch die ihn sehr bewegende Frage, warum sie ihn denn überhaupt eingeladen hätte. Er ahnte und fürchtete, dass er damit vielleicht irgendetwas verderben könnte.

Als sie wieder von der Küche den Nachtisch, es gab Fruchtsalat, auftrugen, berührte sie ihn wie zufällig hinter ihm gehend mit ihrer rechten Brust an seiner linken Schulter. Lars konnte diese Berührung nicht deuten und beschloss sie deshalb für einen reinen Zufall zu halten. Während des Essens ermunterte Maren Lars immer wieder, von dem doch so guten Rotwein zu trinken. Sie könne nicht so viel trinken, weil sie das nicht so gut vertrage. Sie stand auf und setzte sich neben seinen Stuhl in die Hocke, um ihm wieder nachzuschenken. Dabei hielt sie sich an seinem Gürtel fest, damit sie nicht umfalle.

Lars war sehr unbehaglich zumute. Er wusste nicht, was er machen sollte. Er wäre gern über sie hergefallen, traute sich aber nicht, weil sie doch so gepflegt und seriös, so liebenswürdig, wohlerzogen und freundlich wie eine liebe Tante zu ihm war. Aber bevor er seine

Überlegungen fortsetzen konnte, kippte Maren und zog ihn zu Boden, es ergab sich ein groteskes Bild.

Der schüchterne Lars saß etwas gehemmt neben der im blauen Kostüm und weißer Bluse mit hohen Schuhen bekleideten Maren, die am Boden hingegossen lag. Sie erhob sich leicht, strahlte ihn an und fragte: „Hast du auch wirklich genug getrunken? Sonst schenke ich dir noch was ein." Tatsächlich hatte Lars nun wohl genug getrunken. Denn seine Hemmungen waren vorbei. Wie sie so vor ihm lag mit ihrem strahlenden Lachen, konnte er gar nicht anders, als sie zu küssen. Er konnte gar nicht damit aufhören. In einer Pause zum Atemholen sagte sie ihm mit schmeichelnder Stimme: „So mein Lieber, entweder du nimmst jetzt die Straßenbahn nach Hause oder du bringst mich sofort ins Bett."

Da blieb ihm wohl keine andere Wahl, Hemmungen hin oder her. Altersunterschied, Respekt vor der älteren sehr gepflegten Frau, eine „anständige" Frau, sollte man nach damaligen Maßstäben meinen. Und nun sollte er sie noch ins Bett bringen und obendrein noch schlimme Sachen mit ihr machen? Er legte sie also weisungsgemäß auf ihr Bett. Sie flüsterte ihm zu: „Zieh mich aus, zieh mich ganz schnell aus!" Nun muss man sich vorstellen, wie Lars in seiner anerzogenen Schüchternheit ihr aus dem Kostüm half, ihr die Schuhe abstreifte, das Kostüm auf einen Bügel hängte, die Schuhe ordentlich in die Ecke stellte und sich nun wieder der lieben „Tante Maren" näherte, um sie zu küssen. „Zieh mich ganz aus", zischte sie und führte seine Hände dahin, wo er damit beginnen sollte. Nun tat er alles was sie wollte, er wollte es ja auch. Er wusste nicht genau, was er tat und ob das alles richtig war, aber er tat es die ganze Nacht bis zur Erschöpfung am frühen Morgen.

Das war wohl damals unüblich, weil unschicklich, dass eine Frau sich einen „toyboy" um des Vergnügens Willen holte. Das ist nun wirklich nicht einzusehen, will doch der Junge sich austoben, alles loswerden, während die Dame bestimmen kann, wann, was und wie lange sie ihren Spaß ausleben will. Es wäre wohl damals als skandalös bezeichnet worden, was viel später die berühmte Sängerin Madonna als geflügeltes Wort ihren Geschlechtsgenossinnen empfohlen hat: „Sucht Euch junge Männer; sie wissen zwar nicht, was sie tun, aber sie tun es die ganze Nacht!"

Das erfreuliche Verhältnis dauerte einige Wochen. Lars ging – wie gewohnt – nur sporadisch zur Schule, während Maren täglich und fleißig ihrer Arbeit in der Parfümerie nachging. Eines Tages besuchte sie ihn zu Hause. Sie sagte, es gehe ihr nicht gut, sie müsse sich einen Moment auf die Couch legen. In diesem Moment kam Lars' Vater nach Hause. Er sah Maren auf der Couch liegen. Ohne sie zu begrüßen, raunzte er Lars an: „Was will die denn hier?" Lars erklärte ihm, das sei Maren, seine Freundin. „Schmeiß sie sofort raus, die Nutte", herrschte er Lars an. Lars weigerte sich. Darauf schrie der Vater, indem er auf Maren zustürzte: „Dann schmeiß ich sie eben selbst raus." Nun wurde Lars richtig wütend. Er stellte sich zwischen Maren und seinen Vater, um Maren zu verteidigen. Der Vater versuchte Lars wegzustoßen. Lars verlor die Beherrschung. Er versetzte seinem Vater einen derart heftigen Faustschlag vor die Brust, dass dieser hinfiel und Lars ängstlich ansah. Lars war völlig aufgewühlt. Soweit war es nun gekommen, dass er seinen eigenen Vater zu Boden gestreckt hatte. In ihm hatte sich nach jahrelangen Demütigungen und Vernachlässigungen offenbar ein lange versteckter tiefer Hass auf seinen Vater plötzlich entladen.

Er zog Maren von der Couch und verließ mit ihr grußlos das Haus. Lars war erst siebzehn Jahre alt und noch lange nicht volljährig, weil man das damals erst mit einundzwanzig Jahren wurde. Er blieb drei Tage bei Maren, ohne seinem Vater eine Nachricht zukommen zu lassen. Als er zurückkam, gab sich sein Vater zerknirscht und sehr versöhnlich. Vermutlich wusste er nun, wer der Stärkere im Haus war. Es wurde nie wieder über Maren gesprochen.

Es war eine schöne Zeit mit Maren. Es gab kein Gezipfel, Gezerre und scheinheiliges Getue, wie er es mit den Quietschmäusen von der Schule und vom sonstigen Bekanntenkreis so kannte. Maren wusste, was sie wollte und es gab daher keine Bedingungen oder Regeln eines bestimmten Wohlverhaltens. Lars behagte es sehr, mit Maren zu Abend zu essen, die Nacht mit ihr zu verbringen und das Spiel „Mann gegen Maus" zu genießen. Allerdings war es doch weniger „Mann gegen Maus" als „Mitternächtlicher Schüler bei lieber Tante". So ging es einige Wochen zur höchsten Zufriedenheit von Lars, als Maren ihn eines Abends unvermittelt fragte: „Meinst du es eigentlich ernst mit mir?"

Lars erschrak. Er war noch Schüler und hatte gerade seinen ersten Anlauf zum Abitur nicht geschafft. Was sollte er dazu sagen? Er hatte keine Ahnung und überlegte, was Maren hiermit meinen könnte. Sie erläuterte ihm, dass sie eine Stelle in Hamburg annehmen könne, die sie allerdings nicht annehmen würde, wenn er es mit ihr ernst meine. Lars verstand immer noch nicht recht und antwortete vorsichtshalber: „Ernst? Nein, dann hört der Spaß ja auf!" Lars bemerkte zu seinem größten Erstaunen, dass Maren zum ersten Mal fassungslos war. Sie bekam Tränen in die Augen und schluchzte. „Ich bin von dir schwanger und ich dachte, du meinst es ernst mit mir. Wie gehst du mit unserer Beziehung um?"

Lars war wie vom Donner gerührt. An so etwas hatte er noch nie gedacht. Er hatte sein Verhältnis mit Maren die ganze Zeit als völlig entspannt und sorglos empfunden. Das Wort ‚Beziehung' war für ihn allenfalls ein mathematischer Begriff. Er hatte sich ausgetobt und die gemeinsame Zeit mit ihr immer als sehr angenehm und harmonisch empfunden. Jetzt aber war er sprachlos. Nun war ihm zum ersten Mal und dazu noch so plötzlich und unvermittelt eine völlig andere Seite entgegengetreten. Bevor er irgendetwas stammeln konnte, entschied Maren: „Dann lasse ich das Kind abtreiben und gehe nach Hamburg."

Lars konnte gar nicht widersprechen; aber weil Maren so weinte, fühlte er sich unwillkürlich schon wieder schuldig. Man hatte doch schon häufiger gehört, dass Männer ihre Frauen verlassen, obwohl oder weil sie ein Kind bekamen. Derartige Männer wurden üblicherweise als verantwortungslose Schweine bezeichnet.

Alles kam in Lars wieder hoch: Die Warnung vor der gemeinen Sünde, überhaupt solche schmutzigen Sachen zu machen. Ihm fiel wieder ein, dass eine Schülerin aus seiner Schule flog, weil sie ein Kind erwartete. Sie wurde als haltlose, verkommene Göre bezeichnet, ja geradezu wie eine Prostituierte behandelt, für die in einer Schule mit derartig hohem Niveau kein Platz sei. Also war er nun auch ein Schwein. Wenn das sein Vater erführe, so hätte er wohl die schlimmsten Strafen zu erwarten. War es denn nicht möglich, diese herrlichen

Sachen zu machen, ohne gleich wieder bestraft zu werden? Wenn später das Jüngste Gericht für das ewige Leben oder die ewige Verdammnis entscheiden sollte, so war ihm das mehr und mehr gleichgültig geworden.

Er stotterte, dass es ihm leid täte, dass er doch viel zu jung für so etwas wie eine Beziehung sei, dass er noch zur Schule gehen müsse und kein Geld habe. Außerdem sei er viel jünger als Maren und so weiter. Sie hatte sich schon wieder gefasst und beschied ihm, dass sie damit schon gerechnet habe. Für sie war die Sache erledigt. Lars schlich gesenkten Kopfes davon. Er fühlte sich grässlich und verfemt. Das hatte er nun davon, dass er sich hemmungslos diesen Schweinerein hingegeben hatte. Ihm kamen die Warnungen des Diakons wieder in den Sinn. Er schämte sich. Und er hatte ein sehr schlechtes Gewissen, denn Maren war ja wohl tatsächlich von ihm schwanger. Er wusste nicht, wie er damit umgehen sollte und wie er sich gegenüber Maren zu verhalten hatte. Er wollte das mit ihr klären.

Allerdings war sie ab sofort nicht mehr erreichbar. Ihre Telefonnummer war nicht mehr angeschlossen. An ihrer Tür und am Klingelschild war ihr Name nicht mehr vorhanden. Er erfuhr von seinen Freunden, dass sie nach letzter Kenntnis in Hamburg wohnen sollte. Bei Nacht und Nebel fuhr er mit einem geliehenen Motorroller nach Hamburg, um Maren aufzusuchen. Auf halbem Wege drehte er wieder um, weil es ihm so kalt und nässlich geworden war, und er nicht sicher war, ob er Maren überhaupt finden oder antreffen würde und weil er am nächsten Tag auch zur Schule gehen musste.

Erst nach einigen Wochen erfuhr Lars, dass Maren das Kind in Hamburg abgetrieben hatte. Zwischen ihm und Maren kam es nie zu einer Aussprache, weil er sie über lange Zeit nicht finden konnte. In dieser Zeit schleppte er dauernd die Frage mit sich herum, was er falsch gemacht habe, welche Verantwortung er verraten habe. Er hatte das Gefühl, furchtbar gesündigt zu haben und sah keine Möglichkeit, für seine vielen Fragen eine Lösung zu finden. Seinen Vater konnte er auf keinen Fall fragen. Er hätte sich gar nicht ausdenken können, wie der reagiert hätte. Er hätte ihn höchstwahrscheinlich als unrettbar verkommen und verdorben mit ewiger Verachtung bedient oder in eine Presse gesteckt. Seine Freunde wollte er nicht fragen, weil er nicht sicher war, ob sich die Sache herumsprechen würde. Er wollte Maren auf keinen Fall schaden, nachdem er ihr schon dieses Unglück gebracht hatte. Denn Abtreibung war schwer strafbar. Er trug sich also weiter mit der Sache herum und konnte sich nicht klar darüber werden, ob Maren gemäß seiner „Aufklärung" im Konfirmandenunterricht ihn in übelster Weise zu schweren Sünden verführt hatte. Immerhin hatte sie schon ein Kind und war nicht verheiratet. Nun trieb sie ihr zweites Kind ab. Jedenfalls fühlte Lars sich furchtbar schuldig, wusste aber nicht, wie er damit zurechtkommen sollte.

Die Wochen gingen dahin. Er sehnte sich nach Maren, konnte sie aber nirgends aufstöbern. Hatte er etwas falsch gemacht? War er ein Schwein? Hatte er schwer gesündigt? Lars erinnerte sich immer wieder daran, dass Maren ihn gefragt hatte, ob er es denn ernst mit ihr meine. „Wo denkst du hin, dann hört der ganze Spaß ja auf." Vielleicht war es dieser Satz, den er wohl etwas flapsig, aber zweifellos mit einem klaren Sinn spontan herausgebracht hatte, ohne dessen mögliche Wirkung zu überlegen. Anfangs hatte Maren das noch spaßig aufgefasst. Später sollte Lars noch häufig diese Frage hören. Er konnte dann aber besser damit umgehen. Nun war ihm das Wort „Beziehung" für alle Zeiten zuwider geworden. Es hatte für immer etwas Zwanghaftes bekommen.

Jetzt spürte Lars aber eine große Leere. Er war aus einem großen Rausch als Jüngling wieder in die trostlose Welt des Kampfes um ausreichende Schulnoten gefallen. Dazwischen dudelte im Radio der Evergreen: „Kann denn Liebe Sünde sein?" Ja, anscheinend. Lars wusste es noch immer nicht.

Kapitel 9

Einige Wochen später wurde Lars von seinem Freund Udo auf eine Party eingeladen. Udo wurde achtzehn Jahre alt. Das musste gefeiert werden, und zwar in der Wohnung von Udo. Udo hatte ungefähr zehn Freunde eingeladen. Die hatten teilweise ihre Schwestern oder Schulfreundinnen mitgebracht. Udo selbst hatte eine nicht besonders ansehnliche Schwester. Udos Mutter war während der ganzen Party auch anwesend. Sie war ungefähr 40 Jahre alt, sehr zart gebaut mit flinken, aufmerksamen braunen Augen. Sie kümmerte sich um das Gelingen der Party, insbesondere um das Essen und die Getränke, während sich Udo abwechselnd mit der Musik und seiner Schulnachbarin Gerlinde beschäftigte. Udos Vater war nicht anwesend. Lars lernte ihn später kennen. Er war etwas älter als Udos Mutter, hatte eine Glatze und war nicht sehr humorvoll. Von Beruf war er Ingenieur. Er hatte alle Versorgungsleitungen der Wohnung in verschiedenen Farben markiert. Die Gasleitungen hatte er gelb, die Wasserleitungen blau und die elektrischen Installationen rot angestrichen. Sein Hobby war die Regulierung von Fernsehgeräten, Heizbrennern etc. Jedenfalls war er nicht anwesend, weil er diesen Rummel und Lärm nicht schätzte.

Auch Lars konnte mit dem weltweit praktizierten Motto „Laut ist lustig" nichts anfangen. Er hatte in seiner Zeit mit Maren etwas erlebt, was ihm diese immerfort kichernden Quietschmäuse sicherlich nicht bieten konnten. Da er auch nicht gerne tanzte, hielt er sich mehr an die Getränke, insbesondere an die Ananasbowle, die zu jener Zeit gerade sehr in Mode war. Ihm wurde Udos Mutter mit ihrem Vornamen Lore vorgestellt. Sie blickte Lars mit interessiertem und sehr warmem Blick an und erkundigte sich bei ihm über alles Mögliche, welchen Sport er treibe, welche Art von Filmen er gerne sehe und so weiter.

Irgendwie fühlte Lars sich sehr zu Lore hingezogen. Sie hatte einen so verständnisvollen Blick und ein so vertrauliches Lächeln, dass er ihr vorschlug, auf einer Bank auf der Veranda eine Zigarette zu rauchen. Es war auch am späten Abend noch ziemlich warm. Lars wusste eigentlich nicht genau, über was sie eigentlich redeten, jedenfalls war es ein angenehmes Gespräch, als Lothar, ein gemeinsamer Freund von Udo und Lars, die Veranda betrat. Man unterhielt sich eine Weile über einen Bestseller, „Die Blechtrommel" von Günther Grass, der zu der Zeit sehr populär war. Lothar erinnerte Lore plötzlich daran, dass sie noch etwas zu besprechen hätten. Beide entfernten sich, während Lars auf der Veranda noch mehrere Zigaretten rauchte und einige Flaschen Bier leerte. Dann schaute er in den Partyraum, um nachzuschauen, ob für ihn noch etwas gehen könnte. Er sah aber nur drei ineinander verhakte Paare, die sich mit so lauten, geradezu schlürfenden Geräuschen küssten, als ob das letzte Wasser einer Badewanne ausliefe. Niemand von ihnen konnte ihm sagen, wo Lore und Lothar seien. Er wollte sich doch noch von ihnen verabschieden. Also fuhr er leicht angetrunken mit seinem Fahrrad nach Hause.

Einige Tage später traf er seinen Freund Lothar beim Tennisspielen. Lars wollte wissen, wo er denn mit Lore an dem Partyabend gewesen sei. Lothar grinste verlegen und versuchte etwas umständlich zu erklären, dass er mit Lore etwas Privates zu besprechen hatte. Sie seien deshalb in ihr Zimmer gegangen und hätten dort etwas getrunken. Lars ärgerte sich ein wenig, dass Lothar sein Gespräch mit Lore so unterbrochen und beendet hatte und mit Lore verschwunden war. Er spürte, dass Lothar mit seinem Grinsen ihm offenbar nicht alles erzählte. Also drängte Lars: „Nun erzähl schon, was habt ihr denn da besprochen?"

Lothar druckste ein wenig herum, so dass Lars es umso genauer wissen wollte.

„Naja, wir haben darüber gesprochen, dass sie mit ihrem Mann nicht so zurechtkommt. Er interessiert sich für alles Mögliche, aber nicht für sie. In der Freizeit fummele er lieber im Keller an seinen Elektrogeräten rum und solche Sachen, ein Kellermann also."

Lars hatte den Eindruck, dass dies noch nicht alles war. Er wollte mehr wissen.

„Naja, sie hat mich umarmt und mich geküsst. Dabei hat sie mir an der Hose herumgefummelt und den Reißverschluss aufgezogen. Ich hatte wirklich nichts dagegen und es war ein sehr schönes Gefühl. Das kannst du dir wohl denken."

Lars war starr vor Erstaunen. Lore war so herzlich und geradezu mütterlich mit den Freunden ihres Sohnes Udo, dass Lars sich absolut nicht vorstellen konnte, dass sie solche ungeheuren Sauereien machte, nämlich an dem Freund ihres Sohnes herumzufummeln.

„Und dann, und dann?", drängte Lars.

„Ja dann habe ich abgespritzt und Lore freute sich darüber. Sie hat richtig gejault, als es losging. Dann hat sie mich abgetrocknet. Wir haben noch einen Schluck Wein getrunken und ich habe mich heimlich davongemacht, jedenfalls so, dass keiner gemerkt hat, dass wir zusammen in ihrem Schlafzimmer waren."

„Übrigens", meinte Lothar: „Sie hat mir gesagt, dass sie dich auch ganz süß findet."

Lars war völlig benommen. Er stellte sich vor, dass er auch mit Lore auf dem Bett sitzen und dasselbe erleben würde. Er fragte Lothar, ob er es nicht auch bei Lore einmal probieren sollte.

„Tja", meinte Lothar, „probiere es doch einfach mal! Sie mag dich ja, hat sie gesagt. Und wenn sie nicht will, wird sie dir deshalb sicher nichts übelnehmen."

Lars schwelgte in den folgenden Tagen in diesem Gedanken und überlegte, wie er sich Lore am besten nähern könnte. Eines Nachmittags kippte er zuhause zwei Gläser Cognac, fasste sich ein Herz und begab sich zu Lores Wohnung. Es war nachmittags. Lars wusste, dass Lores Mann erst gegen 18 Uhr nach Hause kam und Udo an diesem Tag Basketball spielte. Er klingelte also, und Lore machte ihm auf. Lars fragte nach Udo, dessen Mofa nicht im Vorgarten stand und von dem er ja wusste, dass er ohnehin nicht da war. Handys gab es zu dieser Zeit noch nicht.

Lore freute sich offensichtlich über seinen Besuch und bedauerte, dass sonst niemand da sei und dass Udo wohl erst zum Abendessen zurückkomme. Aber er solle doch mit hereinkommen und mit ihr eine Tasse Kaffee trinken. Man setzte sich in die Küche, und Lore kochte Kaffee und servierte ein Stück Kuchen. Lars war wie immer sehr schüchtern. Er traute sich nicht, das Gesprächsthema auf Lores Mann zu bringen und wie sie mit ihm denn zurechtkäme. Er bemerkte auch nichts Besonderes am Verhalten von Lore. Sie benahm sich wie immer, herzlich und fürsorglich. Es verging eine halbe Stunde und nichts Bedeutsames geschah. Man unterhielt sich freundlich über dies und das, über Sport, den aktuellen Film und über die nächste geplante Reise.

Lars entschloss sich, sich zu verabschieden. Immerhin fasste er sich ein Herz und fragte Lore, ob er sie wieder besuchen könne, zum Beispiel am nächsten Samstagabend. Er kam sich tollkühn bei dieser Frage vor. Denn er wusste, dass Lores Mann am Samstagabend immer in die Kinospätvorstellung ging. Dies wusste er unter anderem von Lothar und der hatte es letztlich nur von Lore wissen können. Also musste Lore doch wohl ahnen, was Lars vorhaben könnte. „Aber gern", sagte Lore. „Du kannst gern vorbei kommen; ruf vorher an! Jetzt musst du aber gehen", sagte sie, „bald kommt meine kleine Familie zurück."

Lores sehr zarte und schlanke Figur stand vor ihm. Sie war ca. 1,65 m groß und hatte mittelblonde, glatte, lange Haare. Ihre dunkelbraunen Augen strahlten wieder eine sympathische Wärme aus. Lars verabschiedete sich, Lore gab ihm einen Händedruck, der einige Sekunden länger ausfiel, als es sonst bei Verabschiedungen üblich ist. Lars schaute ihre zarte Figur beim Gehen nochmals an. Er nahm sich vor, möglichst den nächsten Samstag, an dem Ehemann Werner zur Spätvorstellung ging, wahrzunehmen.

Am Samstag war es soweit. Lars rief gegen acht Uhr abends an und wurde gegen zehn Uhr abends von Lore freundlich empfangen. Sie hatte einige Kerzen angezündet und eine Flasche Weißwein und ein paar Chips bereitgestellt. Sie umarmte Lars zur Begrüßung, und er gab ihr einen ganz schüchternen Kuss auf ihren leicht gespitzten Mund. Lars wurde klar, dass weder Ehemann Werner noch Sohn Udo zu Hause waren. Man setzte sich auf die Couch und trank ein wenig Wein, das heißt Lars trank erheblich mehr, um seine Schüchternheit zu überwinden. Man sprach wieder über allgemeine Dinge. Lars fragte sich innerlich immer wieder, was das wohl werden würde – er war siebzehn Jahre alt, Lore war Anfang vierzig. Nach dem zweiten Glas Wein fasste Lars sich ein Herz und begann, Lore zu streicheln. Denn irgendwie musste es ja weitergehen.

Lore schmiegte sich an ihn, schaute ihn leicht lächelnd an und sagte: „Das ist alles viel schöner, wenn man nichts anhat. Ich weiß doch, was du willst, also kommt mit!" Sie zog ihn ins Schlafzimmer, wo schon zwei Kerzen brannten. Sie zog sich bis auf die Unterwäsche aus, legte sich ins Bett und befahl Lars, dasselbe zu tun. Lars, der noch etwas dümmlich in Schuhen und Jackett dastand, beeilte sich, es Lore gleichzutun. Es wurde ein sehr zärtliches Miteinander. Lore wusste sehr gut, mit Lars' männlichen Teilen umzugehen. Es war für Lars ein so bisher noch nie gehabtes Gefühl der Erotik. Sie schmiegte sich so mit ihrem sehr knabenhaften Körper an Lars, wie er es noch nie erlebt hatte. Es war anders als mit Maren, mit der er mehr oder weniger Turnübungen praktiziert hatte. Und vor allem war dieses Gefühl nicht im Entferntesten zu vergleichen mit dem, was Lars mit der Nutte Dolly gegen Entgelt durchgemacht hatte. Bei Lore war es genau umgekehrt: Ihr Herz war größer als ihre Brüste.

Lars wäre natürlich am liebsten die ganze Nacht bei Lore geblieben. Aber Lore stand etwas unter Zeitdruck. Irgendwann musste die Spätvorstellung im Kino enden und Ehemann Werner zurückkehren. Außerdem mussten die Spuren, die sie hinterlassen hatten, beseitigt, die

Chips weggeräumt und die zwei Weingläser gespült werden. Lars musste sich also alsbald erheben, anziehen und verschwinden. Als Lars auf der Straße stand, kam es ihm vor wie ein Traum. Das hatte er noch nicht erlebt: Eine verheiratete Frau, Mutter seines Freundes, hatte ihn in ihrer eigenen Wohnung unter hohem Risiko verführt. Das alles in einer lächelnden und entspannten Atmosphäre. Allerdings fiel ihm ein, dass Lore sich sehr gut mit seinem Körper auskannte, während Lars sich seinerseits überhaupt nicht darum gekümmert hatte, wie Lore das empfunden hatte. Ihm fiel ein, dass Lore ihn hin und wieder gefragt hatte, ob ihm dies und jenes gefalle, was sie mit ihm anstellte. Lars war aber nicht auf den Gedanken gekommen, Lore so etwas zu fragen. Sie hatte auch mit keinem Wort erwähnt, was ihr am besten gefallen könnte und wie man mit bestimmten Körperteilen von ihr umgehen solle. Es war alles für Lars so unwirklich, verschwiegen, verboten, ehebrecherisch und daher selbstverständlich sündig, dass er gar nicht darauf gekommen war, dieses wunderbare Erlebnis zu verfeinern und zu zelebrieren.

Einerseits wollte Lars sich nun bei seinem erfahrenen Freund Lothar erkundigen, wie man Frauen mehr Genuss bereiten könnte. Andererseits fürchtete er aber, dass Lothar durch diese aktuelle Frage darauf kommen könnte, dass Lars etwas mit Lore hätte. Aus diesem Grunde tastete Lars sich mit sehr allgemeinen Fragen zu diesem Thema an Lothar heran. Der aber roch die Absicht. Denn er wusste, wie sehr sich Lars für Lore interessiert hatte und er vermutete, dass da schon etwas am Laufen war. Also sagte er Lars auf den Kopf zu, dass diese Fragen wohl etwas mit Lore zu tun hätten. Lars mochte dem nicht widersprechen, obwohl er sich doch fest vorgenommen hatte, über seine Sache mit Lore nicht zu tratschen oder sie gar breitzutreten. Denn nichts fürchtete er in diesem Moment mehr, als dass diese Sache durch allgemeines Gerede vorschnell zu Ende gehen könnte.

Also bat er Lothar, das auf jeden Fall für sich zu behalten. Lothar lachte daraufhin nur und bemerkte, dass er seit kurzem dasselbe Verhältnis mit Lore habe. Er sei gerade erst am vergangenen Samstag zuvor bei ihr gewesen. Beide mussten furchtbar lachen. Keiner von beiden war eifersüchtig auf den anderen, denn hier ging es nicht um Eifersucht aus einer großen oder vermeintlichen Liebe, sondern um eine gemeinsame liebe gute Tante oder besser: eine gemeinsame gute Fee, die beiden half, über ihre schwierigen Zeiten der ständigen Überreizung halbwegs hinwegzukommen. Also beschlossen die beiden, es niemandem sonst zu erzählen, sich nicht damit zu brüsten, wie es sonst bei den zumeist erfolglosen Knaben so üblich war. Sie beschlossen weiter, sich miteinander immer abzustimmen, wer wann zum Besuch zu Lore ging. Auch wollte man sich gegenseitig sofort unterrichten, falls sich im Verhalten von Ehemann Werner irgendetwas ändern sollte, z. B. dass er eine frühere Spätvorstellung besuchen oder – Gott behüte - überhaupt nicht mehr zur Spätvorstellung gehen würde. Beide waren sich auch insoweit einig, dass sie Lore als ihre gute Fee besonders lieb und nett behandeln würden und nach Möglichkeit dafür sorgen wollten, dass es auch Lore gut ging und sie weiterhin Gefallen an dem Spiel mit den jungen Männern hätte. Dies ging eine ganze Zeit sehr gut.

Lars fühlte sich geradezu geadelt und als etwas Besonderes, weil er seiner Meinung nach seinen gleichaltrigen Klassenkameraden weit voraus war. Die hielten

Lars in dieser Beziehung für fast arrogant, weil sich Lars zunehmend darüber mokierte, welche Kapriolen seine Mitschüler vollführten, um bei den Mädchen überhaupt eine vermeintliche Chance zu bekommen, mit ihnen in der heiß ersehnten Weise umzugehen. Sie schauten den Mädchen beim Turnen, insbesondere beim Völkerball, beim Schwimmen und derartigen Aktivitäten zu, um irgendwie eine Gelegenheit zu erwischen, mitzuspielen oder die Mädels zu berühren. Sie machten den Mädels ständig Komplimente und versuchten, ihnen mit ihrem spärlichen Taschengeld eine Freude mit kleinen Geschenken zu machen, um ihre Gunst zu gewinnen. Sehr beliebt war natürlich auch, die Mädels zum Kino einzuladen um dort im Dunkeln das Munkeln zu versuchen. Diese Bemühungen erschienen Lars ziemlich lächerlich, weil nach seinen Wahrnehmungen meistens nichts dabei herauskam.

So rannten die in seinen Augen armen Kerle auch bei jeder sich bietenden Gelegenheit in die städtische Badeanstalt, um dort eindrucksvolle Schwimmübungen oder gar gewagte Kopfsprünge vorzuführen. Eine bevorzugte Methode dieser Loser war auch, sich beim Wasserballspiel der Mädchen einzumischen oder sich Ringe oder Bälle in der Weise zuzuwerfen, dass sie möglichst auf oder bei einem interessanten Mädchen landeten, so dass man dort ins Gespräch kommen konnte. Lars ging nicht gern zu solchen Aktivitäten, weil er auch viel zu schüchtern war, mit mehr oder weniger durchsichtigen Tricks Mädels anzusprechen. Er wusste gar nicht, wo er in diesem ganzen Tittendschungel hinschauen sollte. Denn er musste auch immer wieder bemerken, dass manche allzu hartnäckige Spielkameraden von den Mädels in geradezu höhnischer oder gar beleidigender Weise verscheucht wurden. Das war nicht seine Welt.

Er war froh, seine Bedürfnisse befriedigen zu können, anstatt seine Energien mit völlig ungewisser Erfolgsaussicht bei gleichaltrigen Mädels zu verschwenden, die sich zudem besonders zickig verhielten.

Lars und Lothar schworen einander weiterhin, strengstes Stillschweigen über ihre Besuche bei Lore zu wahren. Denn einige Mitschüler meinten aus den verschlüsselten Unterhaltungen der Beiden etwas Geheimnisvolles heraus zu deuten. Sie versuchten immer wieder, Näheres von den beiden zu erfahren. Aber Lars und Lothar wussten, dass dieses wunderbare Verhältnis sofort mit einem wüsten Krach enden würde, wenn es irgendwie herauskäme. Das wollten beide natürlich nicht. Sie überlegten allerdings, ob sie Lore auch einmal zusammen besuchen sollten. Das erschien beiden aber doch etwas zu kühn. Außerdem war unklar, wie Lore sich bei einem derartigen Doppelbesuch verhalten würde. Denn keiner von beiden hatte Lore erzählt, dass er von dem Treiben des andern wusste. Allerdings hatte Lore sich das wahrscheinlich längst denken können, dass Freunde sich so etwas sofort erzählen. So blieb der Schein gewahrt. Also beschlossen sie, sich miteinander immer abzusprechen, wenn der eine oder andere an der Reihe war. Um zu verhindern, dass andere sich einen Reim auf ihre Absprachen machen konnten, fragten sie sich, auch in Anwesenheit von anderen, ohne Personen, Namen oder Orte zu nennen: „Wann ist bei Dir wieder Schwanzpflege?"

Natürlich hörte der eine oder andere von diesen Verabredungen und wollte unbedingt wissen, um was es sich da handele. Aber Lothar und Lars grinsten und erklärten jedes Mal, es ginge da um einen Pferdeschwanz, der regelmäßig gepflegt werden müsse, da es sich um ein sehr wertvolles Tier handele. Daraufhin ernteten sie natürlich ärgerliches Gemaule und Sprüche wie: „Dieser Witz ist nun längst verbraucht und wird nicht dadurch witziger, dass ihr ihn immer wieder bringt." So hielten sich Lothar und Lars mit irgendwelchen Andeutungen streng zurück, obwohl sie sehr stolz auf diese Konstellation waren, mit der sich wohl kein anderer ihrer Altersklasse rühmen konnte.

Das Verhältnis mit Lore funktionierte wunderbar. Das war insbesondere Lore zu verdanken. Denn sie konnte nicht nur um eine Ecke, sondern um zwei Ecken denken. Sie wusste nicht nur, sie ahnte auch, wann Ehemann Werner sich entfernte und wie lange er wohl fortbliebe. Sie beseitigte sorgfältig sämtliche Spuren, die auf irgendwelche illegalen Besuche hindeuten könnten. Andererseits legte sie bewusste andere Spuren, die Ehemann Werner sehen sollte, die von ihm von selbst als völlig unverfänglich auch sofort erkannt wurden, wie z. B. einen Aschenbecher mit Kippen einer bekannten Damenzigarette mit anhaftenden Spuren von Lippenstift, ein angeblich vergessenes Kopftuch und dergleichen.

So ging diese fröhliche Abwechslung über viele Monate weiter, bis eines Tages aus anderen Gründen zwischen Lore und Ehemann Werner ein ernsthafter Ehekrach entflammte. Wie Lore berichtete, war sie mit Ehemann Werners Sexverhalten sehr unzufrieden. Er war sehr brutal und nahm sie ausschließlich anal. Nachdem sie ihn mehrfach ermahnt hatte, auch einmal etwas anderes mit ihr zu machen, war seine Antwort genau das Gegenteil, indem er sie wieder zwang, in der üblichen Weise herzuhalten. Sie beklagte sich bitter und beschimpfte ihn, dass er sich nur für ihre Rückseite interessiere. Ihre Vorderseite, ihr hübsches Gesicht, ihre kleinen Brüstchen seien ihm völlig egal. Es wäre überhaupt am besten, wenn sie nur noch rückwärtsgehe. Dies sei sogar bei den meisten Männern seines Alters und seines Schlages der Fall, so dass wohl am besten allen Frauen geraten werden müsse, möglichst rückwärts zu gehen, da das Hinterteil wohl der interessanteste Anblick an einer Frau sei.

Über solche Dinge stritten sie sich unentwegt. Die Weihnachtszeit näherte sich. Anwälte wurden eingeschaltet, um ein Scheidungsverfahren vorzubereiten. Es kam soweit, dass auf Vorschlag der von ihnen eingeschalteten windigen Anwälte sogar die gegenseitigen Weihnachtsgeschenke nur über die Anwälte gegen Quittung ausgetauscht werden sollten. Diese Paragrafenpupser hatten sogar schon eine Scheidungsvereinbarung entworfen. Danach war sogar das Sorge- und Umgangsrecht mit dem gemeinsamen Hund Rex geregelt. Lore wurde in die Ränke eines – wie sie es empfand – gewissenlosen und geldgierigen Anwaltsgesindels getrieben, dass ihre gute Laune und ihre wunderschöne Rolle als gute Fee der doch so bedürftigen Lars und Lothar dahinschwand. Die beiden Verschwörer wollten sich etwas ausdenken, um Lore wieder aufzuheitern. Sie besuchten sie ganz sexfrei gemeinsam an Nachmittagen, um mit ihr mitgebrachten Kuchen zu essen, Kaffee zu trinken, Monopoly zu spielen oder Ratespiele zu erfinden. Bei dieser Gelegenheit fiel Lore durch Lothars starken norddeutschen Akzent plötzlich ein witziges Ratespiel ein:

„Ihr kennt doch sicher das Ratespiel ‚Mein Teekesselchen – Dein Teekesselchen'. Dabei handelt es sich um das Raten von völlig gleich geschriebenen und gleich lautenden Worten, die aber eine verschiedene Bedeutung haben, wie z. B. der Bauer und das Bauer", eröffnete Lore ihre Idee.

„Natürlich kennen wir das, das haben wir früher an Kindergeburtstagen öfter gespielt das ist doch langweilig."

„Nun", sagte Lore, „da gibt es auch Wörter, die zwar verschieden geschrieben, aber im norddeutschen Dialekt völlig gleich ausgesprochen werden und ebenfalls verschiedene Bedeutungen haben."

Lars und Lothar wollten wissen, wie dieses Spiel denn geraten werden solle.

„Also, ich gebe euch die Umschreibung von zwei Bedeutungen und ihr findet das Wort für beide Bedeutungen, das zwar verschieden geschrieben, aber in norddeutscher Mundart dieselbe Aussprache hat, zum Beispiel: Kleines einfaches Bauernhaus bzw. Spielblatt?"

Die beiden schauten sich fragend an. Dann sagte Lars: „Ich glaub, ich hab's – Kaate."

„Ja, richtig", lachte Lore. „Das kleine Bauernhaus ist eine Kate und das Spielblatt ist eine Karte. Beides wird hier ausgesprochen wie ‚Kaate'."

Lore fiel nun ein neues Wortpaar ein, nämlich: „Durch flaches Wasser gehen und jemandes harren."

Wieder entstand fragendes Schweigen.

Lore kicherte und sagte: „‚Waaten' natürlich, nämlich durch flaches Wasser waten und auf jemanden warten – gleich ‚Waaten' in der Aussprache."

Nun fiel Lothar etwas ein, nämlich männliche Haarzierde und erfrischendes Nass. Alle riefen: „Baad."

Wundmal und Radmittelpunkt. Hier war nun Lore ratlos, denn sie war nicht wie ihr Ehemann Werner ein Ingenieur. Aber Lars fiel die Lösung ein: Naabe – Narbe als Wundmal und Nabe als Radmittelpunkt.

Lore kicherte: „Jetzt ist mir etwas eingefallen: Das werdet ihr sicher gleich lösen können: Wolliges Nutztier und geil."

Beide kamen schnell auf die Lösung und grölten: „Schaaf – Schaf als wolliges Nutztier und scharf für geil." Sie lachten dröhnend. Damit waren sie alle bei ihrem bisher nicht ausgesprochenen Lieblingsthema angekommen. Lore ahnte wohl, dass ihre beiden Verehrer sich einander offenbart und sich gegenseitig von den freundlichen abendlichen Besuchen auch einiges erzählt hatten.

Hier verlangsamt sich die Geschichte. Man muss sich etwas Zeit nehmen, um einen Blick auf Lores Leben mit Ehemann Werner zu werfen. Er war ein sehr einspuriger Mensch, nicht in der Lage, um die Ecke zu denken, geschweige denn um zwei Ecken. Auf ein Problem folgte die Lösung, auf eine Frage die Antwort, auf eine Beleidigung ein Faustschlag. Bei dem eintönigen Leben, das Lore mit Ehemann Werner jahrelang führte und bis kurz vor ihrem Ende noch führen sollte, war die Episode mit Lars und Lothar der helle Punkt einer aufregenden Abwechslung. Damit rächte sie sich stillschweigend für das so ordentliche und doch so spießige Leben mit ihm.

In diesem Moment kam Ehemann Werner die Treppe hochgestolpert. Als er hereinkam, setzte sie in aller Unschuld mit ihm und den beiden Knaben das Ratespiel fort, obwohl er als Ingenieur für einen derartigen Humor eigentlich nicht zu haben war. Immerhin erfand er auch ein drolliges Begriffspaar, was immerhin zeigte, dass Ehemann Werner doch auch eine gewisse Fantasie entwickelt hatte, als er folgendes Wortpaar anbot: „Männliche Bedienstete auf Schiffs- oder Luftfahrzeugen und jäher Fall."

Alle drei schauten Ehemann Werner verständnislos an. Keiner kam auf die Lösung, bis er die Lösung glucksend hervorbrachte: „Stuaz"!

Noch verstanden die drei nicht, was er meinte.

Ehemann Werner erläuterte: „Stewards sind doch männliche Servicekräfte auf Luft- und Schifffahrtzeugen."

„Ja schon, aber was ist mit dem jähen Fall?"

„Der jähe Fall ist ein Sturz und wird doch hier ausgesprochen wie Stuaz."

Donnerwetter. Das war ganz schön intellektuell, aber überzeugend.

Sie spielten weiter und erfanden noch eine Menge weiterer Wortpaare. Es herrschte große Harmonie zwischen allen vieren, wobei allerdings Ehemann Werner die tatsächlichen Verhältnisse offenbar nicht einmal ahnte. Deshalb war er sehr belustigt und aufgeräumt und verstieg sich sogar, einige, wenn auch sehr matte, abgestandene Witze zu erzählen. Er war untersetzt, hatte eine Glatze, eine Brille und den Sexappeal eines Kombinationskraftwagens, also ein sogenannter BGB-Typ – Brille, Glatze, Bauch. Jedenfalls hegte er keinerlei Argwohn. Er hatte vielmehr ein festgezurrtes unumstößliches Bild vom Weltgefüge, der Politik, der Justiz, der Moral, der jetzigen Jugend und so weiter. Daher war für einen Argwohn über außerhalb seiner Vorstellungen liegende Verhältnisse wenig Raum.

Für ihn war „der Russe" drauf und dran, ganz Westeuropa zu schlucken. „Der Amerikaner" werde letztlich sicherlich keine Lust haben, Westeuropa vor dem „Russen" zu retten. „Der Italiener" sei faul und schmutzig. Auf „den Italiener" sei schon gar kein Verlass, auch wenn seine Pizza sehr schmackhaft sei. Ehemann Werner war außerdem der festen und wohlfundierten Meinung, dass die Verbreitung der Pizza in Europa allein auf „den deutschen Touristen" zurückzuführen sei. Denn, „überlegt doch mal!", belehrte Ehemann Werner, „der deutsche Tourist hat in den 50er Jahren vorwiegend Neapel und Capri als Reiseziel gewählt." Dort gebe es die regional begrenzte Speise, genannt Pizza. Und, „überlegt doch mal!", fuhr er fort: „Zurückgekommen habe der deutsche Tourist in den von ursprünglichen Gastarbeitern inzwischen aufgemachten Eisdielen und Spaghetti-Buden barsch Pizza verlangt, da das in Italien angeblich überall gegessen werde. Der Gastarbeiter aus Kalabrien oder Sardinien habe natürlich keine Ahnung von der Pizza gehabt und sich deshalb bei seinen Landsleuten erkundigt, was denn Pizza eigentlich sei. Daraufhin bot, laut Werner, „der italienische Gastarbeiter" in seiner Spaghetti-Bude nun auch Pizza an. Sie gefiel den Deutschen und wurde gern gegessen. Als nun „der deutsche Tourist" beispielsweise nach Rimini reiste, verlangte er wiederum energisch nach Pizza. Dort allerdings war die Pizza noch unbekannt, denn sie war ja bis dahin nur in der Gegend von Neapel und natürlich in Deutschland gut verbreitet. Und dann, „überlegt doch mal!", befahl Werner: „Der

Italiener" in Rimini hat sich nun wiederum erkundigt, was denn Pizza sei und sich beeilt, den Deutschen auch in Rimini die Pizza zu servieren. Der nach Deutschland zurückgekehrte Tourist erwartete nun von Garmisch bis Flensburg bei jeder italienischen Eisdiele und Spaghetti-Bude Pizza, was sehr schnell zur vollständigen Verbreitung in Deutschland führte, zumal „der typische Italiener" alsbald merkte, dass hiermit ein gutes Geschäft zu machen sei.

Ferner beschwor Ehemann Werner immer wieder die überkommenen Thesen von den Qualitäten des „deutschen Jungen". Der deutsche Junge war stark, ehrlich, sauber, mutig. Der deutsche Junge rauchte nicht und machte keine Schweinereien mit Mädchen. Dass der deutsche Junge nicht nur Schweinereien mit Mädchen, sondern überdies mit Frauen und sogar mit seiner eigenen Frau machen konnte, kam ihm zu jener Zeit noch nicht in den Sinn. Dies, obwohl er im Russlandfeldzug sogar Stalingrad überlebt hatte und seine Truppe bis zur Katastrophe von der Wehrmacht ausreichend mit sogenannten Blitzmädeln versorgt wurde. Das hatte er anscheinend nicht als Schweinerei empfunden, vielmehr erzählte er dies etwas kumpelhaft vertraulich und mit voller Begeisterung („Dolle Weiber!"). Denn das war ja im Krieg und das hatte nichts mit dem reinen Herzen eines deutschen Jungen zu tun, für den Onanieren oder gar Schweinereien mit Mädchen absolut untersagt, ja geradezu undenkbar waren.

Ehemann Werner blieb also weiterhin arglos. Lars und Lothar erkannten zunehmend, dass Lores Ehe mit Werner wohl eher eine Qual war. Ehemann Werner schien allerdings mit seiner Ehe inzwischen wieder zufrieden zu sein. Er hatte Lore dazu gebracht, ihren

Scheidungsantrag wieder zurückzunehmen. Er nannte sich vorsichtig, sie bezeichnete ihn als feige. Er nannte sich sparsam, sie bezeichnete ihn als geizig. „Und wer geizig ist", sagte Lore, „der ist auch in der Seele geizig. Dieser Herr Ingenieur gibt mir keine Zuneigung." Ihre Auffassungen gingen in allen Bereichen weit auseinander, auch wenn die beispielhaften Begriffe „vorsichtig und feige" vom Inhalt her nahe beieinander lagen.

Lothar und Lars wollten Lore deshalb eine Freude machen. Zu ihrem Geburtstag, der auf einen Samstag fiel, meldeten sie sich zur Zeit der üblichen Spätvorstellung gleichzeitig bei Lore an. Lore zeigte keine Entrüstung oder gar Widerstand. Im Gegenteil: Sie lächelte fein und fragte sie ermunternd, was sie denn mit ihr vorhätten. Ehemann Werner hatte sich auch zu ihrem Geburtstag selbstverständlich zu seiner üblichen Spätvorstellung eingeteilt. Er war also abwesend. Die Stimmung war gelöst, man trank ein wenig Wein und ein zwei Schnäpschen. Sie fingen an, Lore an allen möglichen Stellen zu kitzeln und zu streicheln. Sie ließ sich schnell in das Schlafzimmer schleppen. Sie genoss es, von beiden ausgezogen und bearbeitet zu werden. Plötzlich dröhnte es im Treppenhaus. Alle drei bekamen einen furchtbaren Schreck. Lars flüchtete sich mit seinen Sachen in die Toilette, während Lothar in der Küche verschwand, um sich schnellstens anzuziehen.

Zur großen Erleichterung aller öffnete sich jedoch nicht die Wohnungstür. Vielmehr war es offenbar der Nachbar, der durchs Treppenhaus in die obere Wohnung stampfte. Der Schreck saß allen furchtbar in den Knochen. Es war ja nicht nur eine fürchterliche Schweinerei, die sie nun schon zu dritt begingen, sondern auch ein ungeheures Risiko für Lore. Dies war eine ernste

Warnung für alle drei. Lars vermied es für die nächste Zeit, Lore zur bestimmten Zeit mit der bestimmten Absicht zu besuchen. Er hatte furchtbare Angst, erwischt zu werden Und Ehemann Werner wäre stumpf genug, einen solchen Vorfall ohne Wenn und Aber auch sofort der Schule zu melden. Dort stand es seit eh und je schlecht um Lars. Er musste zittern, ob er im nun schon zweiten Anlauf sein Abitur schaffen würde.

Lars erfuhr später, dass Lothar von Ehemann Werner erwischt und verprügelt wurde, als er einen „Mistfilm" frühzeitig verlassen hatte und schlecht gelaunt im Regen nach Hause geeilt war.

Kapitel 10

Lars schaffte sein Abitur mit allergrößter Mühe und auch nur deshalb, weil einige Zeit zuvor seine Mutter gestorben war. Aus diesem Grunde hatte man ihm die mündlichen Prüfungen erlassen, damit er nicht noch einmal durch die Prüfung falle. Nun war er frei, endlich frei! Er konnte sich seinen Studienort aussuchen, den er soweit wie möglich von Norddeutschland entfernt wählte, nämlich in München. Da ihm nichts Besseres einfiel, fing er das Jurastudium an. In dieser Stadt war alles völlig anders. Es gab nur verputzte und mit mehr oder weniger Schmuck versehene Gebäude. Anders als in Norddeutschland gab es keine roten Ziegelsteine, keine Backsteingotik aus ebensolchen Steinen, vielmehr gab es barocke Kirchen, Denkmäler, Brunnen und Säulen sowie Museen und einen riesigen Park mit schnellströmenden Bächen. Es gab überfüllte Biergärten, in welchen man aus eimergroßen Gefäßen Bier trank. Es gab keine Brötchen und keine Schrippen, sondern Semmeln und Brezn. Die Straßenbahnen hießen Trambahnen, die Mädchen hießen Madln und die Jungen nannte man Buam. Es war also vieles sehr anders.

Es gab nicht diese nervtötende Besserwisserei und Bedenkenträgerei, die im Norden so weit verbreitet war. Hier ging man miteinander offen und unverkrampft um. Die Universität war völlig überfüllt. Es war fast unmöglich, eine bezahlbare Studentenbude im näheren Umkreis der Universität zu bekommen. Durch Empfehlung einer Großtante gelang es Lars trotzdem, mitten auf der Leopoldstraße eine winzige Dachkammer von etwa 8m² mit einer winzigen Dachluke für 50

Mark im Monat zu mieten. So war Lars von Anfang an mitten im Geschehen der vielen Kneipen und Straßencafés und des Studentenlebens, welches sich zum großen Teil in dieser Schwabinger Gegend abspielte. So lernte er eines Tages im Café einen gleichaltrigen französischen Studenten kennen, der sich Jean-Pierre nannte. Er studierte angeblich alles Mögliche, insbesondere „les Beaux Arts", also die schönen Künste schlechthin. Dies bestätigte sich dadurch, dass Jean-Pierre zumindest nicht die deutsche Sprache studierte, sondern sich energisch von der Universität oder sonstigen Lehranstalten fernhielt, indem er ständig in seinen bevorzugten Cafés saß. Dort hatte er immer einige hübsche Mädchen um sich, die seinen vielfältigen, mehr oder weniger erfundenen Erzählungen aus Frankreich, aus der Fremdenlegion, aus der Karibik usw. usw. lauschten. Auf diese Weise lernte Lars auch einige Mädchen aus der Stadt kennen. Als er eines Morgens im Bett von Rosi Unterbichler aufwachte, ging die Tür auf und eine Stimme, die offenbar Rosis Mutter gehörte, rief: „Rosi, aufstehen, es gibt gleich ein Frühstück. Huch, da liegt ja noch einer – wer ist das denn?" Lars streckte seine Hand aus der Bettdecke und stellte sich mit seinem vollen norddeutschen Namen vor. „Ja, um Gottes willen", entfuhr es Rosis Mutter, „ist das dein wirklicher Name? Das klingt ja wie ein Fischgeschäft!" Nach dieser Begegnung war Lars nicht nur mit Rosi, sondern auch mit ihrer Mutter herzlich befreundet.

Mit der Zeit fühlte sich Lars aber von Jean-Pierre genervt, denn wo die beiden erschienen, in der Kneipe, in der Mensa oder im Café oder im Biergarten, da hörte Lars die dort sitzenden Mädchen und Studentinnen hauchen: „Da kommt Jean-Pierre." Sie hauchten in einer derart hingebungsvollen Art „Jean-Pjiääärr", dass Lars selbst nur süß-sauer lächeln konnte, da er sich völlig unbeachtet fühlte. Irgendwann war ihm das zu viel, und er entschloss sich, den angeblich erotischen Klang dieses doch so banalen Namens seines Freundes zu entzaubern. Denn Jean-Pierre heißt in klarer Übersetzung – Lars konnte außer den in der Schule obligatorischen alten Sprachen Latein, Altgriechisch sowie Englisch durch freiwilligen privaten Unterricht auch ein wenig Französisch – nichts anderes als Hans-Peter. Das klang nun wirklich nicht aufregend, geschweige denn erotisch. Daher machte es sich Lars bei derartigen Treffen oder Besuchen von Kneipen etc. zur Angewohnheit, gleich von vornherein das Wort zu ergreifen und möglichst laut zu verkünden: „Hört mal Leute, ich stelle euch hiermit meinen Freund, den französischen Hans-Peter vor!" Alle protestierten, einige gaben ihm sogar ärgerliche Klapse. Sie belehrten ihn, der heiße doch Jean-Pierre. Aber Lars bestand darauf: „Hier sind wir in der Bundesrepublik, hier wird Deutsch gesprochen und ich finde so wie unsere französischen Freunde München mit Müník und Hamburg mit Ambúur aussprechen, so sollten wir umgekehrt unsere französischen Freunde ebenfalls in ihrer deutschen Übersetzung benennen. Das fördert doch die Integration!"

Lars machte sich in der Folge einen Spaß daraus, die seiner Meinung nach völlig zu Unrecht hochgeschätzten Franzosen etwas bodenständig zu machen. So wurde Jean-Claude zu Hans-Klaus und beispielsweise aus Jean-Francois Dupont wurde unschwer Hans-Franz von der Brücke. Das war ein Spaß, aber diese Entzauberung französischer Namen fand nicht überall Anklang, insbesondere nicht wie gewünscht bei den Damen. Gleichwohl fuhr Lars unbeirrt fort, und die Methode fand bei seinen Studentenkumpanen gewissen Anklang, so dass sie sich mehr und mehr verbreitete. Die Kneipe „Chez Guillaume" hieß dann eben schlicht „Bei Willi".

Immerhin verschaffte sich Lars auf diese Weise eine gewisse Anerkennung und Aufmerksamkeit, auch wenn es ihm nicht gelang, den schon durch seine Herkunft vorgegebenen Charme seines Freundes Jean-Pierre zu erreichen oder gar zu übertreffen und sich selbst damit mehr Beachtung zu verschaffen. Das entsprach Lars' Weltbild: Nur ein solcher Scharlatan und jede Menge Sex passten gut zusammen. Auf die Frage, was er denn studiere, z.B. Économie oder Les Beaux Arts, antworte Jean-Pierre meist wahrheitsgemäß: „So ungefähr genau."

Immerhin lernte Lars durch Jean Pierre eine Menge Mädels kennen, die Jean-Pierre gar nicht abarbeiten konnte. Den ungewollten Sexangeboten seiner Verehrerinnen begegnete er zuweilen, indem er sie freundlich lachend beschied: „Das geht heute leider nicht, mein Bett ist kaputt." In dem angeblich kaputten Bett hielt sich dann allerdings Mausi oder Lucie auf. Anfangs glaubte Lars, dass Jean-Pierre mindestens im Sommer überhaupt nicht arbeitete und im Winter allenfalls bei schlechtem Wetter. Denn der lungerte weiterhin in Cafés, Biergärten und Kneipen herum und baggerte die Mädels an, die allein schon von seinem Akzent begeistert waren. Wenn er mal gut und heimatlich essen wollte, begab er sich zu seinen Landsleuten, die das (was sonst?) Café de Paris genannte Restaurant betreiben. Es wurde überwiegend von besser situierten Bürgern besucht, die die typische französische Küche genießen wollten und die damit verbundene leichte Arroganz des Personals in Kauf nahmen. Der ständig mittellose Jean-Pierre kannte dort den Barkeeper, seinen Freund Alain.

Der besorgte ihm immer ein preiswertes Essen, das aus Auslaufbeständen zusammengestellt war. Darunter befanden sich auch hin und wieder Austern oder ein Gänseleberparfait, was die Aufmerksamkeit der anderen Gäste auf sich zog, da Jean-Pierre nicht gerade festlich gekleidet war. Aber Damit nicht genug: Um die Verwunderung der übrigen Gäste noch zu steigern, hatte sich Jean-Pierre etwas ganz Besonderes ausgedacht. Er hatte Alain dazu bewegt, nach Abschluss des Desserts auf ein Zeichen von Jean-Pierre hin, begleitet durch den Ausruf „Monsieur, la bouche", mit einer blütenweißen Stoffserviette zu ihm zu eilen und ihm den Mund abzuputzen. Beide amüsierten sich maßlos über das bewundernde Murmeln der übrigen Gäste. So hörte man den einen oder anderen Gast seiner Mausi zuraunen: „Siehst Du mein Schatz, das ist savoir vivre, das gibt es nur in Frankreich."

Mit Anbruch der kalten Jahreszeit bemerkte Lars dann, dass Jean-Pierre auch im Winter nicht arbeitsam wurde. Er verlegte seine übliche Tätigkeit in wärmere Räumlichkeiten und wohnte mal bei Gitti, mal bei Schlüpfi oder Püppi usw. Jean-Pierre war voller Aktivitäten und nicht ohne Witz. Als Lars Geburtstag hatte, wurde er von Jean-Pierre gefragt, was er sich als Geschenk wünsche. Wie vorherzusehen, erwiderte Lars, dass er sich gar nichts wünsche. Jean-Pierre erschien zur Geburtstagsfeier gleichwohl mit einem riesigen, in Geschenkpapier eingewickelten Paket. Neugierig öffnete Lars das Ungetüm. In dem riesigen Hohlraum lag nur ein handgeschriebener kleiner Zettel: „hätzlichen Gluckwünsch mein Lieber, du woltes Nichs, hier is es". Für Lars war es das schönste Geschenk.

Trotz des Jean-Pierre zu verdankenden Windfallprofits blieb Lars zurückhaltend und schüchtern. Obwohl er finanziell sehr schwach ausgestattet war und sich durch Ausfahrten von Wäsche und Büchern einen Zuverdienst verschaffen musste, fand er wohl durch seinen hier etwas exotischen norddeutschen Humor doch einen gewissen Anklang bei der von ihm bevorzugten Zielgruppe. Allerdings musste er mehr von den Mädchen erobert werden, als dass er selbst tätig wurde. Denn es war ihm immer noch nicht klar, ob er nicht unanständig oder zumindest unseriös handelte, wenn er seinerseits die Mädels mit eindeutigen Zielen ansprach.

Kapitel 11

Trotz seiner schwachen Finanzlage entschloss sich Lars, nach zwei Semestern in München ein Semester in Lausanne in der französischsprachigen Schweiz zu verbringen. Dort wurden einige Vorlesungen auch im deutschen Recht geboten. Lars war zu jener Zeit sehr frankophil und wollte unter anderem auch seine Sprachkenntnisse verbessern. Er schrieb sich in Lausanne in die Juristische Fakultät ein. Aber Lausanne war teuer. Schon ein einfaches Zimmer mit loser Mitbenutzung eines Badezimmers kostete mindestens das Doppelte bis Dreifache, was es in München gekostet hätte. Denn in Lausanne gab es nicht nur eine Universität, sondern auch viele Sprach- und Hotelfachschulen für Kinder von Besserverdienern, so dass der Bedarf an Zimmern für Studenten sehr groß war.

Es waren viele Studenten und Studentinnen aus den verschiedensten Ländern in dieser Stadt, in der ein sehr langsames, mit alemannischem Akzent durchsetztes Französisch gesprochen wurde. Die Bewohner hießen häufig Hunziger oder Frutiger. In der Universitätsmensa gab es ein sehr gutes und übersichtliches Angebot an Speisen, so dass man sich dort für wenig Geld tatsächlich satt essen konnte. Man konnte sich auch unbeschränkt Nachschlag für die Beilagen wie Gemüse oder Pommes holen. Gleichwohl hatte Lars wegen der hohen Zimmerkosten kaum Geld, sich vernünftig zu ernähren und dazu noch die üblichen Kneipenbesuche zu bezahlen. Immerhin hatte ihm ein Kommilitone sein Motorvelo geliehen, so dass er beweglich war. Den Sprit musste er sich allerdings mit einer Weinflasche heimlich von anderen Mofas abzapfen. Also suchte er sich eine Arbeit und wandte sich an die Vermittlung von Studentenjobs. Dort war das Übliche angeboten wie Knochenarbeit am Bau, Ausfahrten von irgendwelchen Waren, einfache Arbeiten im Büro oder ähnliches.

Plötzlich entdeckte Lars eine Annonce, in welcher eine Dame einen Studenten für „conversation allemande" suchte. Dies erschien Lars nicht sehr anstrengend. Denn er sah sich durchaus in der Lage, mit einer frankophonen Dame eine deutsche Unterhaltung zu führen, damit sie in ihren Deutschkenntnissen sich vervollkommne. So war das wohl auch gedacht. Er meldete sich also telefonisch bei der Inserentin. Sie schlug ein Treffen um 17 Uhr in dem recht mondänen Café de la Paix vor. Lars kam sich etwas schäbig vor, da er keineswegs über elegante Kleidung verfügte. Er war bekleidet mit einfachen ausgetretenen Schuhen, einer Jeans und einem Rollkragenpullover. Er betrat etwas scheu das Café und wurde von einer sehr eleganten Dame in der hinteren Ecke des Cafés sofort erkannt. Sie winkte ihn zu sich, sie stellte sich in der üblichen Landessprache als Denise Frutiger vor. Sie forderte ihn auf, dass er sich ebenfalls in deutscher Sprache vorstelle, was Lars auch tat. Nun begann eine etwas mühsame Unterhaltung, in welcher die sehr gut aussehende und sehr teuer gekleidete Mittvierzigerin Denise in noch sehr unterentwickeltem Deutsch einige Sätze hervorbrachte, die Lars jeweils artig kommentierte.

Denise fragte ihn, was er denn trinken wolle. Lars bat um einen Café au lait, Denise schlug vor, dass er dazu auch ein Stück Kuchen und einen Cognac haben könne. Denise wolle ihn dazu einladen. Denise hatte lange, glatte, etwas ergraute Haare. Sie trug ein sehr elegantes, eng geschnittenes Kostüm und hatte Schuhe mit hohen Absätzen an. Sie hatte ein schönes Gesicht mit graublauen Augen und einer wohlgeformten großen, geraden Nase. Sie war sehr schlank und hatte lange gerade Beine. Die Figur war insgesamt tadellos, soweit Lars dies unter dem bis knapp zum Knie reichenden Rock und der recht eng geschnittenen Kostümjacke erkennen konnte. Sie gefiel Lars. Offenbar gefiel Lars ihr auch. Denn sie lächelte ihn freundlich an, sie schnitt immer wieder Themen über das allgemeine Leben in Deutschland und in München und so weiter an und versuchte Lars' Schilderungen zu verstehen.

Es war ungefähr eine halbe Stunde vergangen, als Denise ihm bedeutete, dass sie nun wieder fortmüsse. Sie öffnete Lars' Hand und drückte ihm einen 20 Franc Schein in die Hand, das Honorar welches in dem Inserat für eine Stunde angeboten wurde. Denise bedeutete ihm, dass sie derartige Unterhaltungen in deutscher Sprache gerne fortsetzen wolle, dies müsse aber nicht mehr im Café geschehen. Es wäre doch einfacher, wenn Lars sie zu Hause besuche. Dort gäbe es auch Kaffee und Kuchen. Lars willigte natürlich sofort ein, er war neugierig, wie diese elegante Dame wohnte. Vielleicht könnte er dort mit höheren Kreisen in Kontakt kommen und vielleicht für diese einfache Arbeit noch mehr Interessenten gewinnen. Sie verabredeten sich für den übernächsten Tag um 19 Uhr. Denn Denise müsse noch einer Freundin in ihrer Boutique helfen und könne erst um 19 Uhr zu Hause sein.

Lars begab sich pünktlich zur angegebenen Adresse. Er erblickte eine sehr eindrucksvolle dreigeschossige Villa, wohl aus dem letzten Jahrhundert, aus Backsteinen erbaut, mit Freitreppe und mehreren Balkons und

Terrassen sowie einem großen Garten. Lars stand nun vor dem Eingangsgitter zum Garten und klingelte. Weil er schon wusste, dass es sich hier nicht um einfache Leute handelte, hatte er sich geduscht, die Jeans hatte er gewaschen, ebenso seinen Pullover. Auch hatte er die Schuhe geputzt. Am Gartentor ertönte die Stimme von Denise, die fragte: „C'est vous Monsieur Lars?" Er antwortete: „Oui, Madame c'est moi!" Der Türöffner schnarrte und Lars durchschritt den gepflegten Vorgarten, stieg die Vortreppe hinauf und stand vor der Eingangstür. Die wurde geöffnet. Vor ihm stand Denise, barfuß und in einer Art dünnem Morgenmantel.

„Excusez-moi Madame", stammelte Lars, „bin ich etwa zu früh? Wollten sie sich gerade umziehen?"

„Nein, nein", lachte Denise, „kommen Sie nur herein!"

Lars folgte ihr. Sie schwebte vor ihm durch die Eingangshalle mit Treppenaufgang geradewegs in das Wohnzimmer, besser genannt Salon mit Ausblick über eine Glasveranda in den hinteren Teil des Gartens. In der Mitte befand sich eine große Sitzgruppe aus Ledersesseln und einem großen Ledersofa. Denise goss sich in eine Ecke des Ledersofas, halb liegend, halb sitzend. Sie wies Lars einen Platz neben sich zu. Dann bediente sie eine Klingel. Es erschien eine Haushälterin mit weißer Schürze. Denise wies sie an, Kaffee und eine Flasche Cognac mit Gläsern und zwei Stück schwere Torte hereinzubringen. Mademoiselle Hélène tat wie befohlen. Als alles serviert war, gab Denise ihr zu verstehen, dass sie nun frei habe und nach Hause gehen könne.

Nun saßen sie da in behaglicher Wärme mit schweren Teppichen und umgeben von Bücherwänden und einigen Bildern und Kunstgegenständen. "Also waas machän vir oite?", fragte Denise, indem sie Lars einen reichlich bemessenen Cognac einschenkte. Dabei fiel ihr Morgenmantel ein wenig an den Beinen und am Oberteil auseinander, so dass Lars einige hübsche Dinge zu sehen bekam, als sie sich zum Einschenken des Cognacs vorbeugte. Lars' Herz schlug bis zum Halse. Er wusste nicht, wo er hinschauen sollte, seine Hände zitterten, als er aufforderungsgemäß den Cognac austrank.

"Aben Sie gaine aanx", sagte Denise. "Vir sin gaans ... wie sagt man, seul – solo – allein?" Lars zitterte noch mehr. Es kam Unausweichliches auf ihn zu, das spürte er. Er durfte jetzt nichts falsch machen, er durfte vor allen Dingen nicht einfach abhauen. Obwohl er Angst hatte, nicht vor der Entdeckung, sondern vor allem vor dem Alleinsein mit Denise. Aber Abhauen, dachte Lars, das wäre wohl das Falscheste, was er jetzt machen könnte. Er kam nicht zu weiteren Überlegungen. Denn Denise zog seine zitternde Hand an sich, führte sie an ihre rechte Brust und lächelte ihn an. Lars wusste nicht, was er machen sollte. Er fühlte sich völlig unbeholfen und das insbesondere in dieser sehr wohlhabenden großbürgerlichen Atmosphäre. Sollte er irgendwelche galanten Worte zum Aussehen und der Art von Denise machen? Aber Denise ergriff schon die Initiative. Während er noch überlegte, vergrub sich ihre freie Hand in seinem Schopf, zog seinen Kopf heran und drückte sein Gesicht auf ihre noch unbesetzte Brust. Gleichzeitig fuhr sie mit ihrer Zunge in sein linkes, also in das gute Ohr, während das rechte Ohr von Lars dröhnte, weil es teilweise auf ihre Brust gepresst war. Lars spürte alles in sich aufsteigen. Ihm war jetzt klar, wie es weitergehen musste, aber er wusste nicht, wie er sich verhalten wollte. Er war völlig verschüchtert, als Denise begann, ihm den Rollkragenpullover hochzuziehen und sich an seiner Hose zu schaffen zu machen. Er schämte sich inzwischen über seine Unbeholfenheit und dachte sich, dass er am besten alles Denise überlassen sollte. So geschah es auch.

Denise ließ ihn vor sich vor der schweren Coach knien. Sie öffnete sich und schob ihn in sich hinein. Lars war derart erregt, dass es bei ihm sofort zur Explosion kam. Er stammelte: „Madame, je m'excuse, es war zu schnell, ich wollte das nicht … Mein Gott, wie konnte das passieren?" Denise lachte milde und begütigend und sagte irgendetwas auf Französisch wie: „Oui, c'était trop vite, mais ca ne fait rien mon petit amour on va le répéter." Sie setzte ihn neben sich und streichelte ihn unablässig. Man aß zusammen die Torte und trank in aller Ruhe den Kaffee. Denise goss noch einen Cognac ein und fuhr fort, Lars unablässig zu streicheln, bis sie merkte, dass seine empfindliche Stelle sich wieder erholte. „Alors, amuse-moi mon petit", raunte sie und zog ihn über sich. Diesmal dauerte alles viel länger. Lars konnte ihr ins Gesicht sehen, sie hatte die Augen geschlossen und lächelte glücklich, während er sie heftig bearbeitete. Er war dermaßen erregt, dass er gar nicht darauf achtete, ob Denise einen Orgasmus bekam oder nicht. Jedenfalls keuchte sie und verzog ihr Gesicht wie im Schmerz.

Als alles vorbei war, dröhnte Lars' Kopf. Er war rot und schwitzte. Denise sah ihn mit großen zufriedenen Augen an und sagte: „C'était une très bonne conversation mon cher." Sie entfernte sich und kam nach kurzer Zeit barfuß und bekleidet mit einer Jeans und einer Bluse zurück. Sie half ihm, seine Sachen zusammenzusuchen und sich anzuziehen. Dabei umarmte und küsste sie ihn. Sie gab ihm einen kleinen Umschlag und sagte: „Dadrin c'est mon numéro de téléphone, appelle-moi après le week-end, le lundi und wir machen wieder conversation." Damit begleitete sie ihn zur Tür, Lars war außerstande etwas zu sagen. Die verschiedenen Eindrücke hatten ihn völlig überwältigt. Diese feine Dame, in dieser wohlhabenden Umgebung und dann ein solches Verlangen, das er bis dahin noch nicht erlebt hatte, schon gar nicht bei den sogenannten feinen Leuten. Als Denise ihn zur Tür begleitete, sah er an der Garderobe noch einige Kleidungsstücke und vor allem Herrenhüte, so dass klar war, dass hier ein Herr im Hause war. Lars fand sich auf der Straße wieder. Er ging langsam nach Hause und hatte nun Zeit zu überlegen, was mit ihm alles geschehen war.

So langsam reimte er sich zusammen, dass Denise offenbar gezielt einen deutschen Studenten unter dem Vorwand der „conversation allemande" gesucht hatte, der ihr gefiel und mit dem sie solche Sachen machen konnte. Offenbar war sie mit einem bedeutenden Mann verheiratet, der wohl nicht immer zuhause war, schon gar nicht unter der Woche. Denn sie hatte ihn ja gebeten, erst nach dem Wochenende wieder anzurufen. Lars griff in seine Tasche, um den Umschlag hervorzuholen und nachzuschauen, ob sie ihm wirklich eine Telefonnummer mitgegeben hatte. Zu seiner Überraschung befand sich in dem Umschlag ein Hundertfrankenschein, auf den Denise eine Telefonnummer gekritzelt hatte.

Lars fühlte sich völlig überfordert und geradezu benommen. Er konnte noch gar nicht fassen, was in dieser kurzen Zeit geschehen war. War er jetzt eine männliche

Nutte, oder wie er mal gehört hatte, dass es so etwas gibt, ein Gigolo? Oder war der Geldschein der einzige Zettel, den Denise in der Eile des Abschieds finden konnte? Hatte Denise ihm vielleicht nur ein Geschenk machen wollen, weil er doch so schäbig angezogen dahergekommen war? Wie kam eine so elegante, in höheren Kreisen verkehrende schöne Dame mit besten Manieren dazu, ihn einzuladen, mit feinen teuren Sachen zu bewirten, ihn leicht bekleidet zu empfangen und ihn sich sofort reinzuziehen. War diese Dame doch ein ordinäres Luder, das sich nur edel verkleidet hatte? Oder war diese Dame einfach eine Frau, die einem starken Trieb nachgab? Fragen über Fragen. Immerhin war in dieser ganzen Sache kein vulgäres Wort, keine schmuddelige Geste gewesen, die irgendwie dem edlen Rahmen widersprochen hätte.

Allerdings hatte sie ganz offensichtlich ihren Mann betrügen wollen, der anscheinend zum Wochenende zurückkommen würde. Warum hätte sie ihn sonst gebeten, erst ab Wochenanfang wieder anzurufen. Bemerkenswert war auch, dass Denise anscheinend vermeiden wollte, es mit einem Mann aus derselben Stadt zu treiben, und es stattdessen vorzog, einen ausländischen und fremdsprachigen Studenten zu benutzen, der zudem noch erheblich jünger war. In Lars kam wieder das Gefühl auf, dass er mit diesem ungezügelten und unehelichem Geschlechtsverkehr etwas Verbotenes, Schmutziges, ja Sündhaftes getan hatte. Andererseits fühlte er ein tiefes Glücksgefühl. Noch nie hatte er erlebt, dass ein Mädchen oder eine Frau ihn so unverhohlen unter Missachtung sämtlicher öffentlicher Moralvorstellungen und Verbote begehrt und ihm ebenso unverblümt ihre Bedürfnisse offenbart hatte. Gab es also Frauen, die solche Sachen gerne machten und nicht als Schweinereien empfanden? Oder war Denise ein Einzelfall, an den er aus purem Zufall geraten war? Lars konnte sich diese Fragen nicht beantworten. Bisher war es ihm immer so vorgekommen, dass er seine peinlichen Triebe nur befriedigen konnte, wenn er den zumeist prüden Frauen alles Mögliche versprach, sie zum Essen einlud oder sie als wirksamstes Mittel besoffen machen musste, um sie dann zu überrumpeln.

Er erinnerte sich an eine Szene aus den Schulferien, die er bei der Großmutter auf dem Lande verbrachte. Dort konnte er zwar zusehen, wie ein Hahn, ohne lange zu fragen, eine Henne besprang, die nach dem Akt – wie es ihm schien – wütend und schmerzlich gackernd davonrannte. Oder wie ein Bauer eine Kuh festband, um sie am Weglaufen zu hindern, damit ein von ihm herangeführter Bulle sie problemlos bespringen konnte. Allerdings hatte er auch beobachtet, wie ein Knecht des Bauern auf eine Magd zufuhr, die gerade mit dem Füttern der Gänse beschäftigt war. Der Knecht rief vom Traktor der Magd im besten Plattdeutsch zu: „Stieg mol up min Deern. Eck lod ji tum eijten ein." Die Magd warf das ganze Futter den Gänsen hin und kletterte auf den Traktor, um auf dem Beifahrersitz auf dem riesigen Kotflügel Platz zu nehmen. Lars schnappte sich ein Fahrrad und fuhr dem Traktor nach, der an einer Würstchenbude im Dorf hielt. Beide futterten Bockwurst mit Senf und Brötchen und tranken eine Brause. Mit großer Geste zahlte der Knecht die Zeche. Sodann fuhren beide zurück und hielten vor der Scheune. Lars folgte ihnen die ganze Zeit unauffällig und sah, dass sie über eine Leiter im Dachboden im Heu verschwanden. Er konnte zwar nichts sehen, hörte aber ein verhaltenes Gekicher der Magd und nach etwa zehn Minuten kamen beide mit gerötetem Gesicht wieder herunter. Ähnliches hatte Lars schon in München versucht. Er hatte das eine oder andere Mädchen zu einem einfachen Abendessen mit Wein eingeladen. Einmal war es ihm gelungen, ein Mädchen so besoffen zu machen, dass sie widerstandslos mit zu ihm nach Hause ging und dort alles – wie es schien – über sich ergehen ließ, ohne dies eigentlich wahrzunehmen. In den anderen Fällen, als er das jeweilige Mädchen fragte, ob sie zu ihm nach Hause käme, wurde er allerdings ausnahmslos angefaucht: „Du musst doch nicht glauben, dass ich mit dir mitkomme, nur weil du mich zum Abendessen eingeladen hast." Diese Vorgänge hatten ihn immer wieder in der Gewissheit bestärkt, dass er etwas Unanständiges vorhatte.

Lars rief Denise gleich am folgenden Montag an. Sie verabredeten, dass er sie am frühen Abend besuchen sollte. Denise öffnete ihm die Tür. Sie war ähnlich leicht bekleidet. Auf dem Tisch im Salon waren einige leckere Häppchen angerichtet. Bier und Wein standen ebenfalls auf dem Tisch. Lars vermied, sie zu fragen, wie sie das Wochenende verbracht habe. Er konnte sich denken, dass ihr Ehemann dagewesen, nun aber wieder abgereist war. Denise machte seltsam gurrende Geräusche und zog Lars sanft hinter sich her in Richtung des im Obergeschoss befindlichen Schlafzimmers. Sie setzte ihn auf das Bett und begann ihn hastig, aber vorsichtig auszuziehen. Sie zeigte ihm, wie man es auf „französisch" macht. Lars schämte sich anfangs sehr, aber Denise schien es sehr zu gefallen.

Als er wieder ging, schob Denise ihm einen Umschlag zu, auf den sie mit Lippenstift ein rotes Herz gemalt hatte. Als Lars das Haus verlassen hatte, öffnete er sofort den Briefumschlag. Er enthielt den inzwischen üblichen Betrag und dazu eine Einladung für den folgenden Mittwochabend für ein Luxusrestaurant. Natürlich war Lars am Mittwoch pünktlich zur Stelle. Ein Luxusrestaurant hätte er sich nie leisten können. Im hinteren Teil des Restaurants entdeckte er Denise, die diesmal korrekt mit einem sehr eleganten Kostüm gekleidet war. Neben Denise saß eine zweite Dame, ungefähr in demselben Alter wie Denise, die ebenfalls in einem dunklen Kostüm erschienen war und sehr teuer aussehende Schuhe mit hohem Absatz trug. Denise stellte Lars diese Dame als ihre Freundin Aline vor. „Hisch abe schon wiel won sie geört", begrüßte sie Lars. „Desalb möschte hisch sie auch kännen lärnän." Lars wurde ganz seltsam zumute. Er blickte zu Boden, weil Aline ihn ziemlich unverfroren musterte. Anscheinend hatte Denise ihr alles Mögliche erzählt, denn Aline fuhr unverdrossen fort: „Sie gönnen misch gähn eimall bäsuchän." Anscheinend hatte Denise ihrer Freundin Aline empfohlen, Lars' Dienste in Anspruch zu nehmen. Möglicherweise befand sich Aline in einer ähnlichen Lage wie Denise, dass sie häufig allein war oder eventuell auch gar keine männlichen Partner hatte. Jedenfalls kam in Lars das Gefühl auf, dass er nun zum privaten Mietrammler gemacht werden sollte.

Nach dem Abendessen, nachdem sich Aline entfernt hatte, fragte Lars Denise, was nach ihrer Meinung Aline von ihm wohl wollte. Denise erwiderte ihm ganz unverblümt, dass Aline wohl ziemlich dasselbe wollte, was Denise mit Lars machte. Allerdings, fügte Denise hinzu, Aline hat einen Ehemann, der ist schon ziemlich alt. Der würde euch gern zuschauen. Das war zu viel für Lars. Er lief rot an, weniger aus Zorn als vielmehr aus Scham. In was war er da hineingeraten? Irgendwie war Lars mit seinen 22 Jahren anscheinend noch immer ein Moralist, der Angst hatte, dass hier etwas ganz furchtbar Schlechtes von ihm erwartet wurde. Er war sich schon bei Denise nicht sicher, ob er ihr nicht ihre „Geschenke", die in Wahrheit wie bei Dolly im Puff in Lübeck ein klares Honorar für eine Leistung darstellten, zurückgeben und sich insgesamt zurückziehen sollte. Andererseits war Lars auf dieses Geld unbedingt angewiesen. Es war auch sehr angenehm, auf diese Weise etwas Geld zu verdienen. Viel besser, als jetzt im Wintersemester auf dem Bau gegen schlechte Bezahlung Handlangerdienste zu leisten. In was hatte er sich da aber verstrickt? Würde wieder das Pendel zurückschlagen und die übliche Bestrafung folgen?

Auf der einen Seite hatte er fast Angst vor den klaren Vorstellungen von Denise. Andererseits hatte er aber keine Lust, ungefähr gleichaltrige Studentinnen anzusprechen, um mit ihnen Sexerlebnisse mühsam vorzubereiten. Dazu war er zu oft und geradezu demütigend zurückgewiesen worden. Er entschloss sich deshalb, die Sache mit Denise weiter zu betreiben. Sie war hübsch. Sie war gepflegt. Es gab etwas Gutes zu essen. Die Umgebung war elegant und teuer. Sie ging nicht nur freundlich, sondern geradezu liebevoll mit ihm um und gab sich Mühe, ihn nicht allzu sehr spüren zu lassen, dass er für bestimmte Dienste honoriert wurde. Vielmehr ließ sie ab und zu unbemerkt einen kleinen Umschlag in seine Jacke gleiten oder sie gab ihm etwas Geld mit ungefähr den Worten: „Du brauchst doch sicher ein Paar Schuhe; ich wollte ja ein Paar mitbringen, aber es ist wohl besser, wenn du sie selbst aussuchst."

Trotz dieser ganzen Bedenken über seinen nunmehr eindeutigen Nebenberuf als Gigolo reizte es Lars doch, mit Aline Kontakt aufzunehmen. Denn sie war sehr attraktiv. Denise hatte offenbar keine Einwände, etwas mehr Geld konnte er auch gut gebrauchen und sexuelle Kapazitäten hatte er auch noch frei. Allerdings war es ihm zutiefst zuwider, dass ihr Ehemann zuschauen sollte. Deshalb rief er Aline an und fragte sie, ob er sie besuchen könne, auch ohne dass der Ehemann dabei sei. „Hisch bien obligé, daas mit meine Maan dsu machän", erklärte sie ihm. „Abä hisch will vesuchän disch hallein dsu emfangän. Hisch rufe dsu dir an."

In der Tat rief Aline einige Tage später bei Lars an. Sie lud ihn zu sich zum Abendessen ein und sagte ihm: „Meinä Maan is auch dabaai. Habe abä gaaine Hangst, dsu dier passiärt nichs."

Lars entschloss sich, schweren Herzens, aber neugierig und voll ungewisser Erwartungen, die Einladung wahrzunehmen. Er begab sich zu der vereinbarten Zeit etwas beklommen zu der angegebenen Adresse. Er betrat das schöne alte Etagenhaus, nachdem ihm die Stimme Alines an der Sprechanlage erklärt hatte, wie der Fahrstuhl zu bedienen sei. Nach Erscheinen des Fahrstuhls musste man mit der Hand zwei Türen, beides Scherengitter, wieder schließen und sich in der Mitte des Fahrkorbs auf eine leicht federnde Fläche stellen, damit ein Kontakt ausgelöst werden konnte. Dann war der Knopf für die fünfte Etage zu drücken, damit sich der Fahrstuhl knarrend und rumpelnd erhob und in der fünften Etage ebenso knarrend stehenblieb. Als Lars die beiden Türen des Fahrstuhls öffnete, erblickte er in der gegenüberliegenden Wohnungstür einen untersetzten, etwa 50 Jahre alten Mann mit fast vollständiger Glatze, der einen dunklen Anzug und schwarz polierte Schuhe trug. Der Mann begrüßte Lars überaus freundlich und stellte sich in gelungener deutscher Sprache vor: „Isch bin Alines Mann, äs ist nett, dass sie gekommen sind, Entrez seulement, das Diner ist bereits angerichtet."

Es war eine großzügige, herrschaftliche Wohnung mit einem Wintergarten. Die Einrichtung bestand aus Stilmöbeln mit viel Polster, Brokat und Schnörkeln. Aline saß bereits am Esstisch. Sie hatte ein luftiges hellblaues Kleid angezogen und eine Perlenkette um den Hals gelegt. Man setzte sich zu Tisch und eine Mamsell, die Aline als Maria, die Portugiesin, vorstellte, trug auf. Bernard, so hatte sich der Ehemann von Aline vorgestellt, war offenbar Vertreter für technische Anlagen. Er erzählte von seinen Reisen, die er beruflich zu unternehmen hatte. Die Unterhaltung wurde auf Deutsch geführt. Bernard sprach recht gut Deutsch und Aline verstand fast alles. Maria, die immer wieder auf- und abtrug, verstand allerdings nichts, so dass Bernard alsbald auf den Punkt kam: „Du weißt, mein lieber Lars, was wir beabsichtigen. Ich liebe Aline, aber ich kann nicht alles machen, was man mit einer geliebten Frau macht. Ich bin deshalb seit längerer Zeit in ärztlicher Behandlung, aber bisher hat es noch nichts geholfen. Deshalb haben wir, Aline und ich, gedacht, dass eine Stimulierung helfen könnte. Aline mag dich und ich finde Dich auch sehr sympathisch. Deshalb haben wir gedacht, dass Du es mit Aline treibst und ich dabei zuschaue. Du brauchst Dich nicht zu schämen. Wir wollen doch alle dasselbe."

Lars schluckte heftig. Ihm fiel nichts dazu ein. Deshalb sagte er zunächst nichts.

„Du brauchst jetzt nichts zu sagen, aber es wär sehr schön für uns alle, wenn du mitmachst", sagte Bernard mit einem auffordernden Lächeln. Aline nickte eifrig und lächelte Lars süß an.

„Na, trinken wir erst einmal ein wenig Champagne", schlug Bernard vor, um die Situation zu überbrücken.

Man aß nicht nur, man speiste. Maria trug auf, Maria trug ab, unablässig kamen neue Leckereien auf den Tisch. Man trank nicht nur, man soff. Man sprach übers Vögeln, man sprach übers Segeln. Dabei kam heraus, dass Bernard und Aline am Genfer See ein schönes Segelschiff hatten. Bernard beschrieb sein Schiff ausgiebig und lud Lars ein, an einem der nächsten schönen Tage mit ihm segeln zu gehen. Lars sagte begeistert zu. Von einer Partie zu Dritt war nun nicht mehr die Rede. Später erinnerte sich Lars nicht mehr, ob Aline über den Verlauf des Abends froh oder enttäuscht war, ob Bernard den ursprünglichen Plan fallen gelassen oder nur vergessen hatte. Lars wusste nur noch, dass ihm das ursprüngliche Vorhaben unbehaglich erschien und dass er froh war, im allgemeinen Suff nicht in etwas Unvorhersehbares geraten zu sein.

Lars erzählte Denise nichts von diesem denkwürdigen Abend. Sie würde es sicherlich in geeigneter Form von ihrer Freundin Aline erfahren.

Kapitel 12

Lars erhielt einige Tage später einen Anruf von Bernard, der ihn für den frühen Nachmittag desselben Tages zum Segeln einlud. Allerdings merkte Bernard an, dass es doch nett wäre, wenn Lars die eine oder andere hübsche Studentin mit an Bord bringen könne. Lars hielt das für eine gute Idee. Vielleicht könnte er damit bei einigen Mädchen auch für sich punkten. Im Restaurant Universitaire sprach er einige ihm vom Studium bekannte Mädels an, ob sie mit ihm und einem Freund auf dem Genfer See mitsegeln wollten. Einige Mädels wollten genauer wissen, wer dabei wäre, wem das Schiff gehöre, wann man zurückkomme und so weiter. Kathrin und Renate aus Dortmund, zwei Studentinnen einer Hotelfachschule, die wohl zur leichteren Herstellung akademischer Kontakte ihr Mittagessen immer im Restaurant Universitaire einnahmen, sagten sofort zu, ohne komplizierte Fragen zu stellen.

Kurze Zeit später traf man sich am Bootssteg. Bernard war schon da. Er hatte das Schiff bereits vorbereitet. Er strahlte und begrüßte ganz herzlich die beiden Mädels, die Lars ihm namentlich vorstellte. Er benahm sich wie ein Gentleman und man merkte, dass er als erfahrener Skipper sein Schiff meisterlich beherrschte. Er war auch vorbildlich angezogen, mit blauen Bootsschuhen, marineblauer Hose und weißem Rollkragenpullover. Gottlob hatte er nicht so eine affige Mütze auf, wie die meisten Freizeitkapitäne. Jedenfalls zeigte er großes Interesse an den beiden Studentinnen. Er scherzte und schwadronierte und gab sich als ganz seriöser unterhaltsamer charmanter Mann in den besten Jahren. Er ließ auch andeutungsweise seine geschäftlichen Erfolge durchblicken. Schließlich schlug er der einen Studentin vor, sie möge mit ihm in die Kajüte hinabsteigen, um geeignete Getränke für alle auszusuchen. Lars hatte ohnehin die Steuerung des Bootes übernommen, nachdem er Bernard schon zu Beginn erklärt hatte, dass er das Segeln gelernt hätte und auch gern auf dem Genfer See sein Schiff steuern würde.

Trotz des Wind- und Wassergeräuschs hörte man einige Stimmen aus der Kajüte, deren Worte allerdings nicht zu verstehen waren. Nach ungefähr fünf Minuten kam Renate mit etwas gerötetem Gesicht wieder an Deck und murmelte nur: „So ein Schwein."

Alle an Deck Anwesenden verstanden, dass da wohl etwas schief gegangen war, sodann erschien Bernard mit etwas verlegenem Lächeln und einer etwas ungeordneten Restfrisur. Es wurde nicht mehr viel geredet. Bernard versuchte noch, mit Kathrin ein Gespräch anzufangen. Dies glückte jedoch nicht so recht, worauf Bernard vorschlug, das Schiff wieder an Land zu steuern.

So geschah es auch. In der Folgezeit kam es immer wieder zu derartigen Segeltouren, zu denen Lars ein oder zwei Studentinnen mitbrachte, um sie Bernard quasi „zum Fraß vorzuwerfen". Als Gegenleistung hatte Lars seinen Spaß am Segeln. Allerdings hatte Bernard trotz vieler Versuche kein einziges Mal den Erfolg, den er sich bei seinen Einladungen versprochen hatte, obwohl er doch ein wunderschönes teures Segelschiff besaß, gut angezogen war, gute Manieren hatte und seine Mitsegler immer aufs Feinste bewirtete oder in einem Seerestaurant zum Essen einlud.

Lars tat diese Situation wirklich leid. Er hatte sich immer wieder bemüht, Bernard einen Erfolg zu verschaffen. Das Gegenteil war jeweils der Fall. Er war der dauernde Loser. Noch schlimmer: Es kam sogar vor, dass nach derartigen Segeltouren Lars der Glückliche war, der mit einer der Studentinnen im Bett landete.

Lars erkundigte sich immer wieder nach diesen für Bernard erfolglosen Segeltouren, warum denn die Mädchen sich nicht mit Bernard einlassen wollten. Meist erhielt er keine eindeutige Antwort, so dass er weiter bohrte: Er schaut doch gut aus, er hat Geld, er hat gute Manieren, er ist charmant und großzügig. „Ja schon, aber er ist zu alt", brach es dann schließlich aus der einen oder anderen betroffenen Kandidatin heraus. „Wieso, zu alt? Natürlich ist er älter als du, aber deswegen ist er doch ein charmanter und großzügiger Mann, mit dem man auch durchaus Sex haben kann. Er ist doch auch gut in Form und bestimmt nicht zu alt für einen guten Sex." „Ja, trotzdem", die Mädchen beharrten darauf, er sei zu alt, er könnte sogar ihr Vater sein. „Na und, Bernard ist doch offensichtlich nicht zu alt, Dich einzuladen, mit Dir segeln zu gehen, essen zu gehen, wohl aber mit Dir zu vögeln." „Ist egal", hieß es, „er ist zu alt." „Ja, aber das scheint doch kein Grund zu sein", bohrte Lars weiter. „Es gibt doch eine Menge älterer Männer, die mit wesentlich jüngeren Frauen, nicht nur zusammen, sondern sogar verheiratet sind. Was sagst du dazu?" „Das ist mir egal", musste er meistens hören, „er ist einfach zu alt." Und als Lars schließlich so ganz allgemein darauf hinwies, dass er auch schon mit wesentlich älteren Frauen geschlafen hatte, zuckten die Mädchen nur mit den Schultern und wiederholten stereotyp, dass es mit Bernard nicht in Frage käme.

Was also könnte das sein, was die jungen Frauen daran hinderte, mit Bernard stilvoll und elegant auszugehen und ihn in seiner Eigenschaft als Mann zu genießen? Hatten die Mädchen dieses Alters denn keine Lust auf Sex, der zudem noch mit einem angenehmen und stilvollen Umfeld verbunden war? Oder hatten sie nur Lust auf Sex, wenn es ihnen zweckmäßig erschien? Oder hatten sie sogar nur Lust, wenn sie sich vorstellen konnten, dass ihr Sexpartner auch eventuell der Vater ihrer Kinder sein könnte? Lars konnte diese Fragen natürlich nicht beantworten. Er bekam auf diese Fragen auch nie eine klare Antwort von denen, die es wirklich anging.

So vergingen die weiteren Wochen. Das Sommersemester ging allmählich dem Ende zu. Lars, Aline und Bernard kamen nie zu dem ursprünglich beabsichtigten Vorhaben zusammen. Bernard hatte trotz aller finanziellen und charmanten Bemühungen nie den gewünschten Erfolg. Wie Aline ihre Bedürfnisse befriedigte, blieb Lars verschlossen. Denn er hatte in der Zeit, in welcher er Bernard helfen wollte, keinen Kontakt mehr mit Aline, der gegenüber er eben aufgrund seiner Bemühungen für Bernard ein schlechtes Gewissen hatte. Allerdings ging sein Verhältnis mit Denise ungestört weiter. Ihren ständig abwesenden Ehemann hat Lars nie kennengelernt.

Kapitel 13

Lars, der nun beim Saufen, Segeln und Vögeln, nicht aber in seinem Studium erhebliche Fortschritte gemacht hatte, überlegte sich, an welcher Universität er ohne Ablenkung am besten sein Studium erfolgreich fortsetzen könnte. Da kam ihm Hamburg in den Sinn. Die Stadt der notorischen Bedenkenträger und Besserwisser. Wegen der Nähe zu Lübeck kannte er sich dort schon ziemlich gut aus. Er wusste, dass außer der kommerziellen Sex-Meile auf der Reeperbahn eine ähnliche Prüderie wie in seiner Heimatstadt Lübeck herrschte und im Übrigen Umständlichkeit, Frustration und Langeweile den Tag bestimmten. Er erinnerte sich noch, dass er als 18-jähriger wegen eines Verkehrsunfalls in Hamburg eine in edler Gegend von Hamburg gelegene Anwaltskanzlei besuchen musste und dort im Wartezimmer durch die halboffene Tür das Diktat eines Anwalts wie folgt vernahm:

„… Betrifft: Blablabla usw.

Sehr geehrter Herr Kollege Dingsda,

Ech bessteijtije Ihnen, dass Sie miä in Ihrem Schreiben vom Soundsovielten bessteijtijt ham, was ech Ihnen in meinem Schreiben vom Soundsovielten in obigä Sache bessteijtijt hatte.

Mit freundlichen kollegialen …"

Sodann führte der Anwalt – es war inzwischen ca. 20:30 Uhr – ein Telefongespräch, offenbar mit seiner Frau, bei der der Anwalt sich beklagte: „Murri, es wird heutä wiedä sspeijtä, ech waiß gannich, wo miä dä Kopf ssteijt."

In Umfeld einer solchen Stadt dürfte es wohl durchaus möglich sein, sich ohne große Ablenkungen intensiv mit dem Studium zu beschäftigen und dieses alsbald zu Ende zu bringen.

Lars verabschiedete sich von seinen Lausanner Freunden und Kommilitonen. Besonders herzlich verabschiedete er sich von Denise, die ihm eine bisher unbekannte Seite schönen gemeinsamen Erlebens gegen Entgelt gezeigt hatte. Der Abschied von Denise fiel ihm besonders schwer. Mit ihr hatte er erlebt, wie man ohne Firlefanz, Gezicke, Heucheleien und dümmliches Balzgetue ganz dringende Bedürfnisse allein um ihrer selbst willen ausleben konnte, ohne durch verlogene Moralbelehrungen ein schlechtes Gewissen mit sich herumtragen zu müssen.

Auch von Bernard verabschiedete sich Lars voller Sympathie und mit großem Bedauern. Mit Sympathie deshalb, weil er an Bernard als nicht mehr ganz jungen Mann erlebte, mit welcher Freundlichkeit und Gelassenheit der mit seinen Bedürfnissen und denen seiner Frau Aline umgegangen war. Mit Bedauern deshalb, weil er an Bernard miterleben musste, wie der einen unverhältnismäßig großen persönlichen und materiellen Aufwand betreiben zu müssen glaubte, um sich bei den jüngeren Damen – leider durchgehend erfolglos – einen gewissen Erfolg zu verschaffen. Denn er war zwar ein wohlhabender und nicht gerade hässlicher Mann. Aber er war eben kein Popstar, bekannter Schauspieler oder Fußballer, bei denen die jungen Mädels Schlange standen.

Er war ja auch kein welker Milliardär, wie sie im Hafen von Monte Carlo zu sehen sind, wo sie sich bis ins hohe Alter in endloser Angeberschraube mit immer größeren, zig Millionen teuren Yachten gegenseitig zu überbieten versuchen. Am Tage hocken diese kleinen dicklichen Männer auf dem zum Kai gerichteten Heck ihrer Yacht und schlürfen kostspielige Getränke. Seit einigen Jahren bevorzugen sie als Beinkleid Hosen in gelblicher Farbe, wohl damit der darein träufelnde Urin nicht so auffalle. Gegen Abend sieht man eine endlose Kette von Kleinwagen aus den umliegenden Orten nach Monte Carlo strömen, in denen bis zu vier zumeist junge blonde Frauen offenbar in der Hoffnung sitzen, an diesem Abend einen Milliardär oder zumindest einen – wie man wörtlich hören musste – einen ‚mehrfachen Multimillionär' kennen und – selbstverständlich – lieben zu lernen, um wenigstens für ein paar Stunden grenzenlosen Luxus zu schnuppern. Allerdings klappte das selten, da an der Seite dieser Herren häufig eine ebenso welke Dame zu finden ist. So sieht man am späten Abend wieder eine Horde der besagten Blondinen den Luxusort auf demselben Weg allein verlassen, wie sie gekommen waren.

In Hamburg fing alles wieder ganz von vorne an. Die Kommilitonen waren recht zugeknöpft, hölzern und ziemlich arrogant. Die Damen gaben sich abweisend, schnippisch und zuweilen bösartig. Sie wollten wohl erobert werden, anscheinend auf eine ganz besondere Art, die es aber offenbar gar nicht gab. Man erlebte selten oder nie, dass in einer Kneipe oder in einem Café eine Annäherung gelang. Die meisten Annäherungsversuche endeten im Nichts. Die Männer machen alles falsch, schimpften die Frauen. Allerdings erfuhr man von ihnen nicht, wie man es richtig machen könnte.

Stattdessen hörte man von einer Gruppe wohlgescheitelter und mit Rollkragenpullovern und Blazern oder Tweed-Sakkos bekleideten jungen Männern in den Bars oder Kneipen immer etwas zu laute Gespräche, in denen besonders deutlich die Worte „Hunderttausende", „Millionen" oder gar „Milliarden" zu hören waren. Nachdem diese Beträge ausreichend oft zu vernehmen waren, verließen diese Herren erhobenen Hauptes die Gaststätte und fuhren mit frisch gewaschenen schicken Autos davon, ohne eine Bekanntschaft gemacht zu haben. Dieses Verhalten wiederholte sich häufig in den sogenannten angesagten Örtlichkeiten der Stadt, so dass Lars irgendwann bei den wiederholten „Millionen" und „Milliarden" der Kragen platzte und er laut und vernehmlich für alle Anwesenden dazwischenrief: „Hört mal Leute, die verkaufen sich gerade wieder gegenseitig ihre Schulden!"

Ein dröhnendes Gelächter der Umstehenden belohnte ihn für diesen Ausruf. Einer von ihnen jubelte die norddeutsche Erkenntnis heraus: „Spaß muss sein", und schlug bei Betonung des Wörtchens „muss" mit der Faust krachend auf den Tisch. Die wohlgekleideten jungen Herren schauten Lars indigniert an, wie nur ein Hamburger aus der upper class indigniert schauen kann, und verließen das Lokal.

Jedenfalls gab es in dieser Atmosphäre nicht sehr viel Ablenkung, so dass es Lars gelang, sein Studium mit einem guten Abschluss zu Ende zu bringen. Bis dahin hatte er einige Affären gehabt, die meist im Suff angefangen hatten und im Suff endeten. Auf Partys ging es anfangs immer sehr langsam und sehr steif zu. Wichtiges Gesprächsthema war immer wieder, wo ein jeder wohnte, damit er auch halbwegs eingeordnet werden konnte, soweit er dem jeweiligen Gesprächspartner nicht ohnehin schon bekannt war. Neue Bekanntschaften zu knüpfen war immer sehr schwierig. Sobald im Smalltalk die erwähnten Fragen geklärt waren, ging es häufig um den letzten oder vorletzten Segeltörn mit entsprechenden Fachausdrücken, um das letzte Golfspiel oder die Aussichten auf diese oder jene Karriere. Es wurde ausgiebig getrunken, um den erwünschten Grad der Lockerheit alsbald zu erreichen. Sobald dieser erreicht war, waren die bis dahin so förmlichen Gespräche abgeklungen. Man sang und tanzte, ließ sich vollkommen gehen, manche Herren pinkelten irgendwo in die Wohnung, die Damen wurden kühner und gleichzeitig ordinärer. Die Auflösungserscheinungen des Benehmens endeten häufig in einem Chaos, in welchem sich der gesamte Frust des Alltags enthemmte und die verschiedenen Geschlechter übereinander herfielen. Am Folgetag erinnerten sich die Beteiligten im Wesentlichen daran, dass man sehr besoffen war und dass es allerlei Durcheinander gegeben hätte. In diesem Durcheinander wurde es auch Lars hin und wieder zuteil, trotz seiner sehr ärmlichen Finanzlage, mit außerordentlich wohlhabenden Damen sich irgendwo nackt wiederzufinden.

Allerdings blieb das tägliche Leben eher prüde, auch wenn es mitunter durch einen bizarren, sarkastischen, spezifisch Hamburgischen Humor aufgehellt wurde. Allerdings lachte der Hamburger selten, und wenn überhaupt, dann lachte er meckernd und das auch nur, wenn er jemanden reingelegt hatte. Lars wurde klar, dass er sein weiteres Leben hier nicht verbringen wollte.

Der zweite Teil seines Studiums bestand in der Ausbildung als Rechtsreferendar. In dieser Zeit ergab sich die Möglichkeit, zum einen in einem äußerst hochgestochenen wissenschaftlichen Institut in Hamburg als Stipendiat und Praktikant zu arbeiten, aber auch gewisse Ausbildungsabschnitte im Ausland zu verbringen. Beides nahm Lars gern wahr. So zog es ihn als damals frankophilen Jüngling nach Paris, wo er eine Praktikantenstelle in einer international ausgerichteten Anwaltskanzlei in feinster Gegend der Stadt angeboten bekam. Dort herrschte eine sehr freundliche und entspannte Arbeitsatmosphäre, die sich sehr angenehm von dem leicht näselnden Ton in entsprechenden Hamburger Einrichtungen unterschied. Ihm kam zugute, dass seine mit deutschem Akzent gefärbte Aussprache für die Franzosen und Französinnen auch nicht ohne Reiz zu sein schien. Jedenfalls spürte er keine Antipathie, vielmehr eine gewisse freundliche Distanz.

Die sogenannte Stadt der Liebe bot leider keineswegs das, wofür sie angeblich international bekannt ist. Ganz im Gegensatz zu den Städten, die Lars in Deutschland bekannt waren, gab es in Paris auffallend wenige hübsche Frauen oder Mädchen. Sie hatten fast alle hässliche Kleidung, schief getretene Schuhe und eine Kurzhaarfrisur, die eher einem Stahlhelm oder einer Motorradhaube ähnelte. Gleichwohl hatten diese Damen einen hohen Anspruch an das Balzverhalten der Männer. „Il faut lui faire la cour!", hieß es, was auf Deutsch bedeutet: Du musst ihr den Hof machen! Nun, dazu hatte Lars wenig Neigung, da er meinte, es lohne sich nicht, große Anstrengungen zu unternehmen, um die kaum attraktiven Damen zu betören. So blieben seine entsprechenden Aktivitäten in dieser wunderschönen, aber recht menschenfeindlichen Stadt gering.

Menschenfeindlich deshalb, weil es kaum Freizeitmöglichkeiten gab, die Menschen wegen der hohen

Preise sehr bescheiden wohnten und sich gegenseitig im Kino, auf der Straße, im Restaurant oder in den grässlichen, meist mit Neon beleuchteten Bistrots auf die Füße traten. Schon ein Restaurantbesuch war sehr anstrengend. So wurde man wegen des Gedränges genötigt, beim Warten auf einen Tisch einen oder mehrere Aperitifs an der Bar zu nehmen. Saß man endlich am Tisch, so klebte auf dem Dessert bereits die „addition" als unmissverständlicher Hinweis, dass man wegen der wartenden Gäste schnellstens abhauen solle. Jeder war mit sich selbst beschäftigt und bestrebt, in der allgemeinen Enge seinen Platz mühsam zu behaupten.

In der Anwaltskanzlei machte Lars einen recht guten Job, durch den er auch ein anspruchsvolles Französisch erlernte. Abends ging es dann mit Freunden auf Kneipentour, wo man mehr einen etwas flapsigen „argot" sprach. Ohne ein besonderes „faire la cour" zu unternehmen, bemerkte Lars mit der Zeit, dass eine ausnahmsweise blonde Mitarbeiterin in der Kanzlei ihm offenbar recht zugetan war. In der Kanzlei wurde sie allgemein Madame Annique genannt, während die anderen Mitarbeiter und Mitarbeiterinnen jeweils mit dem Nachnamen bezeichnet wurden. Eines Tages lud Madame Annique Lars zu sich zum Nachmittagskaffee ein. Lars zog sich die steilen Treppen hoch und stand vor der Wohnungstür. Er schaute sich in der angegebenen Etage das Klingelschild an und prallte zurück: „M. et Mme. Baise" stand da als Namensschild. So viel wusste Lars schon, dass das in nicht grammatikalisch einwandfreier Übersetzung heißen musste, nämlich: „Monsieur und Madame fickt". Trotzdem betätigte Lars die Klingel, denn Annique hatte ihm ja erklärt, dass ihr Mann nicht zuhause sein und dass es Kaffee und Kuchen geben werde.

Annique öffnete die Tür und sie war ganz normal, unauffällig und nicht aufreizend angezogen. Die Wohnung bestand aus mehreren relativ kleinen Räumen, die im älteren französischen Stil mit Stofftapeten und nachgemachten Louis XVI-Einrichtungsgegenständen dekoriert waren. Man setzte sich auf eine Couch, und Annique gab Lars einen sehr bedeutungsvollen Kuss. Man nahm recht eilig den Kaffee und Kuchen zu sich. Kaum war dies fertig, schob Annique den Couchtisch beiseite und verwandelte die klappbare Couch in eine Liege. Völlig unkapriziös zog sie Lars fast die gesamte Kleidung vom Leib und zog sich ebenso aus. Lars merkte, dass es ihr eilte und dass sie keine Zeit verlieren wollte. So ging es denn auch sehr schnell zur Sache, so dass nach kurzer Zeit die Liege wieder in eine Klappcouch verwandelt werden konnte. Annique servierte zügig, wenn auch ohne Hast, einen Cognac, schaute sodann auf die Uhr und erklärte Lars, dass sie nun noch Einkäufe machen müsse. Lars verstand, dass er nun gehen solle und das war nun sein erstes Erlebnis in der Stadt der Liebe, wo es immer etwas enger und etwas schneller als in anderen Städten zuging.

So konnte er auch vom Fenster seines Arbeitszimmers am Rande des Champ de Mars aus beobachten, wie am späten Nachmittag, wenn es dunkel wurde, in einer kleinen Sackgasse oft kleine Autos einparkten, ein Pärchen sich in dem kleinen Auto vergnügte und nach wenigen Minuten wieder davonfuhr. Für Lars war dies eine neue Beobachtung, dass hier offenbar sehr viel Unzucht getrieben wurde, wie man den außerehelichen Geschlechtsverkehr in Deutschland noch benannte. Seine französischen Kollegen waren über diese Vorgänge überhaupt nicht erstaunt. Sie kommentierten das nur sinngemäß damit, dass diese Pärchen es aus verschiedenen Gründen wohl zuhause nicht treiben könnten: Das Leben ist eben keine Operette, hieß achselzuckend ihr Resümee.

Lars und Annique trieben es in ähnlicher Weise nach entsprechenden geheimen Verabredungen weiter wie bisher. Daher war Lars nicht gezwungen, bei seinen abendlichen Kneipenbesuchen mit Freunden mit anstrengendem Sülzen (Gros Barratin) zu versuchen, die etwas ungepflegten und mit der schon erwähnten Stahlhelmfrisur à la Annie Girardet versehenen Demoiselles herumzukriegen. Die entsprechenden Versuche junger Franzosen, mit großem, dem Balztanz eines Auerhahns ähnelnden Gegockele und unbeweisbaren Angebereien über ihre Wichtigkeit und den Reichtum ihrer Väter die Mädels zu bezaubern, fand er zunehmend lächerlich und geradezu verächtlich. Die Mädels genossen offenbar dieses als „faire la cour" genannte Werbegespräch. Sie schätzten die Aufmerksamkeit, die ihnen nach Lars' Meinung völlig zu Unrecht zuteilwurde und ließen sodann hoheitsvoll lächelnd den Bewerber allein zurück.

Völlig anders war es allerdings in den sogenannten angesagten Cafés bzw. Bistrots, wie Café Flore oder Deux Magots in St Germain de Prés, wo angeblich Prominenz aus Film und Fernsehen verkehrte. Dort saßen übertrieben herausgeputzte junge Damen, die sich nicht nur meisterlich geschminkt, sondern sich auch in einen aufreizenden Kampfanzug gezwängt hatten. Dabei handelte es sich keineswegs um ein militärisches Outfit. Vielmehr nannte Lars die so knapp wie möglich gehaltenen Beinkleider und die Brüste hinaufpressenden Oberteile so. Diese geradezu gefährliche Garderobe sollte ja ganz offensichtlich der Attacke auf die vermeintlich Prominenten dienen. Saß tatsächlich mal ein prominenter oder ein semiprominenter Gast in dem Café, so schämten sich diese Mädels nicht, alle zwei bis drei Minuten quer durch den Saal zur Toilette in der offensichtlichen Erwartung zu stelzen, dass sie von ihrem Zielobjekt zum Tisch gebeten würden. Dies geschah natürlich auch des Öfteren. Ein großes Gegockele und Gegurre hub an. Auch wenn diese Abläufe so leicht erschienen, so war dieses anstrengende Leben gleichwohl ebenfalls keine Operette.

Kapitel 14

Eines Tages gegen Ende seines Praktikums erhielt Lars eine kurze, auf eine Postkarte gekritzelte Mitteilung seines Vaters, dass er vor einigen Monaten Frau Brigitte M. geheiratet habe. Lars hatte zwar nur sehr spärlichen Kontakt zu seinem Vater, war aber gleichwohl etwas verärgert, dass er hiervon erst nach Monaten erfuhr. Andererseits war er froh, dass sein Vater die Liaison mit der recht schwergewichtigen und ziemlich proletigen Heidi S., einer geradezu tonnenschweren Elfe, beendet hatte. Wenn Heidi sich näherte, hatte Lars zum Ärger Heidis und seines Vaters immer gesummt: „Die Wände wackeln, die Erde bebt. Heidi kommt hereingeschwebt."

Lars geriet mit Heidi häufig in Streit. Eines Tages war es ihr wohl zu dumm, sich mit einem vermeintlichen Naseweis wie Lars zu streiten, und sie fuhr ihn an: „Was nimmst Du Dir eigentlich heraus, du Knirps, wie alt bist Du eigentlich?" Worauf Lars parierte: „Was soll Deine dämliche Frage nach meinem Alter – ich frage Dich doch auch nicht, wie viel Du wiegst. Du hast wohl schon den Gummizug Deiner Trainingshose auf Maximum gestellt." Heidi schnappte vor Wut nach Luft, aber ihr fiel hierzu nichts ein.

Mit Heidi und seinem Vater war es zu seiner Erleichterung bald vorbei. Denn Heidi, die Prollige, hatte es erkennbar auf Status und Beamtenpension seines ca. 25 Jahre älteren Vaters abgesehen, ihn anfangs mit reichlich Sex angefüttert, um diesen dann immer spärlicher zu gewähren, als der Vater ihren Wünschen, in das Haus des Vaters einzuziehen, nicht nachkam. Sie warf ihm immer heftiger vor, dass er sie nur benutze, sie zwar ständig sexuell ausbeute, aber die Konsequenz – gemeint war die Eheschließung – nicht ziehen wolle. Dabei plusterte sie sich bedrohlich wie ein Truthahn auf. Der Vater war dagegen recht schmächtig und bot unter diesen Vorwürfen auch eine kleinlaute und fast ängstliche Erscheinung. Sie hatte ihn so zur Schnecke gemacht, dass er, der Staatsanwalt, Schuldgefühle zeigen ließ. Er stammelte, dass er sie doch liebe und dass er noch nicht so weit sei, weil er noch immer unter dem Tod seiner Frau leide und jetzt einfach noch nicht wieder heiraten könne. Heidi ließ durchblicken, dass sie mehrmals mit ihrem von ihr als jung und erfolgreich geschilderten Chef einer Ladenbaufirma ausgegangen sei, der sich sehr für sie interessiere. Um seine Eifersucht anzustacheln, wurde sie in ihren Schilderungen immer deutlicher. Trotz seiner Eifersucht mochte er sich jedoch nicht entschließen, diesem Ungetüm die Ehe anzutragen. Schließlich stellte Heidi ihre sexuellen Aktivitäten vollkommen ein, die Affäre war beendet. Stattdessen beschimpfte ihn fortan Heidis Mutter am Telefon, was er für ein Wüstling sei.

Brigitte M. hingegen war Lars als lebenslustige, fröhliche, gepflegte, aber auch recht dümmliche Dame mittleren Alters bekannt geworden. Sie kam aus sehr wohlhabendem Hause. Es war abzusehen, dass sie demnächst als Alleinerbin einige Millionen reicher sein werde.

Wenn Lars zu Besuch gekommen war, pflegte sie auf ihn einzuplappern und alles zu berichten, was ihr wichtig erschien, etwa in dem Stil: „Lars, was ich dir unbedingt erzählen muss, dein Vater, also wir beide und der Herr Bastian, Du weißt schon, der Nachbar von damals, der neben dem Supermarkt vor dem Kino, also die zwei, du kannst dir gar nicht vorstellen, wenn die beiden so wie gestern, manchmal denke ich, was dann wohl, also, vor allem der Herr Bastian, das ist so einer, als sie neulich mit mir, ich war auch dabei, zusammen, Junge, Junge, was die sich so zu erzählen hatten, Donnerwetter, ich meine ja, dass jeder nach seiner Façon mal sehen soll, wie er klarkommt, der eine so, der andere so, oder wie siehst Du das?, aber bei den beiden, da, ich kann dir flüstern, Lars, du wirst dir gar nicht vorstellen können, was … und dein Vater, so kannte ich ihn gar nicht, wenn der mal loslegt, also, hahahahihi, jedenfalls war das eine sehr schöne und interessante, oh Gott, ich muss jetzt weg, oder hast du noch was vor, sonst müsste ich, ich weiß nicht, ob wir heute zusammen, oder was meinst du?"

So ging es jedes Mal, bis Lars kurz vor der Erschöpfung das Wort ergriff und sich eilig und herzlich verabschiedete.

Kapitel 15

Nun endete die Zeit in Paris. Lars begab sich wieder zurück nach Hamburg, um die letzte Etappe seines Studiums mit dem Examen zu vollenden. In dieser schönen, aber doch sehr unwirtlichen Stadt, in welcher Gastronomie als Quälerei des Gastes verstanden wurde, traf Lars auf den sehr schrulligen Bertram, der alsbald sein Freund wurde. Bertram trug einen Spitzbart à la Ulbricht. Er war sehr verfressen und ging teilweise sogar mit einer Butterstulle aufs Klo. Er war auch ausgesprochen sparsam. Er konnte sehr gut Gitarre und Klavier spielen und war ununterbrochen hinter den Frauen her. Als Hilfsmittel zu diesem Zweck benutzte er nicht die klassischen Mittel wie ein schönes Auto oder Einladungen zum Essen oder ähnliches. Vielmehr saß er stundenlang in einfachen Studentencafés und sülzte dort unermüdlich auf nahezu wehrlose Mädchen ein, die ihm schließlich vor Erschöpfung in allem zustimmten: vor allem bei seinem Lieblingsthema „Zweierbeziehung", in welcher er angeblich Meister sei. Schließlich gaben sie ihm das Versprechen, ihn alsbald in seiner skurrilen Bude zu besuchen.

Die Bude lag in der Hafengegend im Obergeschoss eines auf Abbruch stehenden Gebäudes, von welchem der Krieg das Dach weggefegt hatte und wo der frühere Speicher nunmehr eine offene Dachterrasse bildete. Es war bis zum Krieg ein Kontorhaus gewesen. Bertram hatte einen recht großen Raum im obersten Stockwerk für kleines Geld gemietet. Dort hielt er – auch und insbesondere im Sommer – einen selbst angefertigten heißen Punsch bereit. Der Boden war mit langfloriger Teppichware ausgelegt. Wenn nun Besuch kam, so bat Bertram das eintretende Mädel sofort, ihre Schuhe auszuziehen, damit der wertvolle Teppichboden nicht leide. Für diesen Besuch hatte Bertram dafür gesorgt, dass es in seiner Bude unerträglich heiß war. Die Sonne schien durch die Fensterscheiben, die Heizung lief auf Hochtouren, die Fenster waren geschlossen. Er bat also das Mädchen herein und sagte ihr freundlich, sie möge sich setzen, während er im Küchenabteil schnell einen Tee mit einem „Schlückchen Punsch" zubereite, um sich dann der Problematik der Zweierbeziehung zu widmen.

Nur gab es in dem großen Raum außer dem großen mit einer weichen Decke versehenen Bett keinerlei geeignete Sitzgelegenheit. Denn Bertram hatte sorgsam alle Stühle und Sessel mit offenen, überquellenden Koffern oder Reisetaschen oder gar mit schmutzigen Motorteilen eines Motorrades belegt. Er entschuldigte sich wortreich, dass er gerade aufräume, während das Mädchen unter der unsäglichen Hitze stöhnte und ihn bat, doch die Fenster zu öffnen und die Heizung herunterzudrehen. Hierzu erklärte Bertram mit aller überzeugender Unschuldsmiene, dass das Heizventil blockiert sei und die Fensterhebel schon seit zwei Wochen klemmten und der Hausmeister leider immer noch nicht zur Abhilfe gekommen sei. Man saß also auf dem makellosen Bett und half sich den heißen Tee mit Punsch hinein. Den weiteren Verlauf des Nachmittags kann man sich wohl denken: Bertram erklärte seine Methode wiederholt damit, dass die Mädels es geradezu als Befreiung empfanden, wenn er ihnen endlich den BH abschnallte.

Diese Methode quasi eines Leimrutenfängers, der Fliegen oder sonstiges gefiedertes Getier durch Festkleben an einem bestimmten Punkt erlegt, gefiel Lars ganz und gar nicht. Es schien ihm als fast ausgebildeten Juristen ein Verstoß gegen das Gebot der Waffengleichheit und damit der Gerechtigkeit. Andererseits, so musste er erwägen, waren ja gewisse Tricks auch in seinem Leben durchaus angebracht, um der Sache etwas nachzuhelfen. Eventuell wäre es sogar erwünscht gewesen. Lars jedenfalls ging eher umgekehrt vor: Das Schlafzimmer war unordentlich. Die Sessel waren frei zugänglich. Statt im Punsch versteckten Alkohol gab es übersichtliches Gebäck und klaren ungepanschten Tee. So konnte er wenigstens erkennen, ob die entsprechende Dame durch Überrumpelung oder aus eigener Zuneigung ihm gewogen war. Die „Vis haud ingrata", mit der die Römer die bei Frauen angeblich nicht unwillkommene Gewalt bezeichneten, war – auch in ihrer versteckten Gestaltung – wohl inzwischen unmodern geworden.

Kleiner Einschub: Die Einschätzung von Einverständnis und Überrumpelung oder gar Zwang ist eine schwierige Frage, die sich insbesondere nachträglich als sehr gefährlich erweisen kann. Dies haben inzwischen viele Vergewaltigungsprozesse gezeigt, in denen eine Vergewaltigung letztlich doch nicht erwiesen werden konnte, weil sie tatsächlich nur einen Racheakt einer gedemütigten Frau darstellten. Also, junge Männer, seht Euch vor, dass man Euch aus Vergeltung nicht nachträglich etwas anhängt!

Kapitel 16

Lars bestand seine Examina in Hamburg und begab sich, ohne die Aushändigung des Zeugnisses abzuwarten, schnellstens nach München, um mit einem Partner eine Anwaltskanzlei aufzubauen. Statt Eisbein mit Sauerkraut, Kotelett mit Salzkartoffeln, Bockwurst mit Brötchen, Kartoffelsalat oder Rundstücke und gallig bitterem Bier, gab es nun Köstlichkeiten wie Schweinshaxe, Schweinsbraten, Bauernente, Radi, Obatzda, Weißwürste mit süßem Senf, Leberkäs, Butterbrezn und süffiges Bier aus riesigen Gefäßen. Anstatt in Nadelstreifen und Krawatte gekleidete englische Imitate und Bedenkenträger mit näselnder Stimme traf man hier auf gutural gurgelnde hemdsärmelige Macher. Der Himmel über Bayern war immer etwas blauer, die Mädchen waren zugänglicher. Lars musste sich erst daran gewöhnen, dass man sich im Biergarten duzte. Als er anfangs versehentlich einen Nachbarn am Biertisch siezte, raunzte der ihn an: „Du Saupreiß, damischer, hab ich Dir das Sie angeboten?"

Lars machte mit seinem Partner eine kleine Anwaltskanzlei auf, die alsbald florierte. Die Einkünfte stiegen unablässig. Die Kanzlei wurde in eine edle Flanierstraße verlegt. Mit Rechtsberatung und Immobiliengeschäften verdiente die Kanzlei alsbald genügend Geld, so dass sich Lars auch zum ersten Mal in seinem Leben einen eleganten, wenn auch gebrauchten, Sportwagen leisten konnte. Es fanden viele Partys und Kanzleifeste statt. Es wurde viel gesoffen und gefeiert. Die Mädels standen quasi Schlange, um ein Date sowohl mit Lars als auch mit seinem Partner zu erlangen. Lars war inzwischen Mitte dreißig. Er hatte trotz vielen Feierns mit viel Mühen seinen Doktortitel erworben und stand nun als Beispiel eines jungen erfolgreichen Anwalts da. Abends klingelte häufig das Telefon. Die gerade aufgekommenen Anrufbeantworter zeigten die Zahl der Anrufe, von denen jedoch sehr oft keine Nachrichten auf dem Anrufbeantworter hinterlassen wurden. Offenbar wollten sich in den Fällen, in welchen der Anrufbeantworter ansprang, der Anrufer/die Anruferin sich nicht zu erkennen geben. Es kam nahezu jeden Abend zu ausufernden Abendessen mit reichlich Getränken und häufig wechselndem Geschlechtsverkehr. Die Pille war in aller Munde; AIDS war noch nicht erfunden.

Die Mädels bemühten sich offenbar, durch bereitwilligen Sex einen Partner zu finden, der möglicherweise der Vater ihrer Kinder sein könnte und dazu noch die Versorgung aller sicherstellen würde. Lars fiel diese Absicht zunächst gar nicht auf. Er lebte in den Tag hinein und ebenso wieder heraus. Allerdings wunderte es ihn zunehmend, dass er im Umkreis seiner jeweiligen Freunde hin und wieder gefragt wurde, wie er sich seine Zukunft mit Gabi, Renate oder Cornelia vorstelle. Als klar wurde, dass er sich eine Zukunft im Sinne dieser Anfragen nicht vorstellen könne, sondern sein Leben in gewohnter Weise fortführen wolle, hörte die Sexbereitschaft der betroffenen Mädels sofort auf. Nur mühsam konnte Lars mit der Tatsache fertig werden, dass ihm die eine „Klick" mehrfach ihre Liebe gestanden hatte, aber nach der Verweigerung der Zukunft „Klick" diese Liebe offenbar ausgeknipst worden war.

Lars stört das im Grunde wenig. Es genügte ihm und es gefiel ihm, dass er offenbar bei den Damen großes Interesse erweckte. So sah er sich auch nicht gezwungen, unbekannte Damen anzumachen und kräftig zu sülzen, um seine natürlichen Bedürfnisse zu befriedigen. Mit gewissem Unverständnis musste er immer wieder beobachten, wie viele seiner Geschlechtsgenossen völlig unangemessene Anstrengungen mit Zeit und Geld unternahmen, um zu ihren Zielen zu gelangen, indem sie aufwändige Einladungen bezahlten und zusätzlich irgendwelche Geschenke, wie geschmacklose Sträuße roter Rosen, bei der Dame abliefern ließen, um deren Gunst zu erwerben. Welch ein lächerlicher Aufwand, den Lars zudem als geradezu entwürdigend empfand. Was sind das bloß für Loser, dachte Lars. Das Geschäft „Sex gegen materiellen Aufwand" wurde hier überdeutlich. In diesem Geschäft war das weibliche Geschlecht haushoch überlegen, da es offenbar nicht unter diesem Druck stand, sich sexuelle Befriedigung zu holen. Nur in sehr seltenen Fällen waren wirklich leidenschaftliche Verhältnisse zu bemerken. Die Damen konnten sich jederzeit auf Wunsch Sex verschaffen.

Ganz im Gegensatz dazu waren die Männer auf diesem Gebiet ständig in Nöten und versuchten hier und da möglichst schnell jemanden anzugraben und zum Ziel zu kommen. In ganz besonderen Nöten schienen die Ehemänner zu sein. Sie schauten besonders frustriert den hübschen Damen hinterher. Die Unverheirateten hatten immerhin den Rücken frei, mussten aber gleichwohl allerlei Aufwand betreiben, um wenigstens eine Aussicht auf Sex zu erhalten. So sah man sie die Autos der Damen reparieren, ihre Systemmöbel zusammen schrauben oder bei ihrem Umzug ihre Möbel die Treppen hinaufschleppen. Zum Dank erhielten sie ein kleines Bussi auf die Wange mit den Worten „ Das war sehr nett von Dir, Du bist ein Schatz." Lars hatte mit der Zeit gelernt, derartige Floskeln in Klartext zu übersetzen, was in diesem Fall bedeuten würde: „Vielen Dank, Du kannst jetzt gehen, gefickt wird nicht."

Da bot sich das etwas fragwürdige Levanthinische System an, wie es Lars nannte. Wie der Ausdruck schon vermuten lässt, wird dieses System vorwiegend von südländischen Herren betrieben. Das System ist einfach: Der Herr baggert am Tage möglichst viele – täglich etwa dreißig bis fünfzig – Damen mit unverhohlener direkter Absicht an. Denn er rechnet damit, dass zumindest ein kleiner Prozentsatz der Damen in diesem Moment ebenfalls ein akutes sexuelles Bedürfnis hat und die Gelegenheit wahrnimmt, während sie es nie über das Herz gebracht hätte, selbst die Initiative zu ergreifen. Für Lars kam dieses System aus verschiedenen Gründen nicht in Frage. Zum einen gab es in seinem Umkreis immer interessierte Damen, die für die besagte „Zukunft" gewisse Hoffnungen hegten. Zum anderen hatte Lars in seiner Kindheit und Jugend bei seinen vergeblichen Versuchen so viel Ungemach in Form von hässlichen Worten oder gar Ohrfeigen erlebt, dass er für immer sehr zurückhaltend und schüchtern blieb. So hatte er in seinem ewigen Frust der Erfolglosigkeit in einer heruntergekommenen Diskothek in Hamburg St. Pauli ein Experiment zukunftsweisender Anmache unternommen.

Nach kurzem Tanz hatte er die unbekannte Tanzpartnerin gefragt, ob sie gleich mit ihm ficken wolle. Die erste ließ ihn sofort wortlos stehen. Die zweite lachte fröhlich mit den Worten: „Nein danke, ich habe gerade." Diese Antwort gab Hoffnung, sodass Lars es ein drittes Mal versuchte. Die dritte rief jedoch ihren Freund zu Hilfe, der, ganz Gentleman, Lars Prügel androhte, wenn er nicht sofort verschwinde.

Besonders frustrierend war für Lars das Treiben in den Diskotheken. Die Mädels hatten sich besonders schön zurechtgemacht. Eine geschickte Kosmetik verhalf ihnen zu einer unwiderstehlichen Erscheinung. Sie erschienen in einem Outfit, welchen man erneut als Kampfanzug bezeichnen musste, geeignet für den Kampf untereinander, wer wohl die Schönste sei und wer die meisten Blicke der Männer auf sich zog sowie für den Kampf gegen die Männer, ihre Lethargie zu beenden und sie zur Anmache zu bewegen. Während den Damen bei ihren Manövern hinten fast alles herausrutschte und vorne oben fast alles herausfiel, fielen den Männern sprichwörtlich nur die Augen heraus. Unter vielen u- u-u-u-uiui ui –ui Schreien hopsten die Mädels auf Stiletto-Schühchen, die an edelste Prothetik erinnerten, zu den Klängen der hämmernden Musik herum, allerdings ohne in ihren Bewegungen dem Rhythmus wirklich zu folgen.

Nachdem sie sich einige Drinks von den optisch und akustisch betäubten Herren hatten ausgeben lassen, rotteten sie sich zu Cliquen zusammen und verließen schwatzend und kichernd das Kampfgetümmel, in den meisten Fällen allerdings, ohne einen Herren mitzunehmen, und wenn doch, weil sie einen benötigten, der sie in die nächste Disko zu fahren hatte. Da standen die Herren nun und fragten sich, was sie wieder falsch gemacht hätten. Ja, sie hatten alles falsch gemacht. Sie hatten ihre Zeit in der Disko damit verplempert, mit Stielaugen die Mädels zu beobachten, und wenn sie sich getraut hatten, eine zum Drink einzuladen, so hatten sie auch noch das Doppelte ihrer üblichen Zeche ausgegeben.

Im Laufe der Jahre geschah es Lars hin und wieder, dass ein Mädchen ihm eröffnete, dass sie von ihm schwanger sei. Die Erklärungen waren immer ähnlich. Sie hätte sich in der fraglichen Zeit öfter übergeben müssen, sie hätte Durchfall gehabt oder die Pille nicht vertragen, so dass die Pille deshalb wohl nicht gewirkt habe. Sie würde das Kind gerne bekommen, aber nur wenn daraus mit Lars auch eine Familie entstünde. Anfangs hatte Lars noch ein schlechtes Gewissen, wenn er sagte, dass er damit nicht einverstanden sei. Die Freundinnen der betreffenden Mädchen bestärkten ihn noch darin, indem sie ihm klarzumachen versuchten, dass er doch eine große Verantwortung habe, schließlich sei er bei dem Vorgang anwesend gewesen. Lars rang mit sich, was er tun sollte. Denn schließlich war er ja angeblich das triebgesteuerte Schwein, welches diesen Zustand hervorgerufen hatte.

Angesichts dieser durchsichtigen Vorwürfe fiel es Lars leichter, sich gegen die von den Damen ersehnte Zweisamkeit zu entscheiden, zumal er eine gemeinsame Zukunft in diesen Fällen ohnehin nicht beabsichtigt hatte. Außerdem empfand er eine Ungerechtigkeit darin, dass die Frauen die Möglichkeit nutzen wollten, sich nach oben zu schlafen, was ihm und seinen Geschlechtsgenossen nicht möglich war. Also erklärte er, dass es ohne seinen ausdrücklichen Willen keine gemeinsame Zukunft gäbe und dass er unter diesen Umständen schon gar nicht heiraten wollte. Er würde aber den Mädels die Kosten bezahlen, wenn sie sich zu einem Schwangerschaftsabbruch entschlössen. So geschah es dann auch, nachdem die betreffenden Mädels erkannten, dass sie sich auf diesem Wege keinen Familienvater verschaffen konnten. Nachdem Lars diese Erfahrungen mehrmals gemacht hatte, wurde er geradezu zynisch gegenüber dem ihm nunmehr immer durchsichtig werdenden Verfahren der Damen, auf diese Weise eine Ehe zu schließen.

Seine damalige Freundin Kathrin verfolgte dasselbe Ziel. Als sie jedoch mit der Zeit bemerken musste, dass Lars keine Neigung zur Eheschließung hatte, wollte Kathrin ihm offenbar etwas Schlimmes antun. Als er von einer kurzen Geschäftsreise zurückkam, machte sie seltsame Andeutungen über die Wohnung von Lars' bestem Freund Rudi. Sie mokierte sich über die Art der Einrichtung und insbesondere über sein geschmackloses Schlafzimmer. Lars erkannte langsam, dass sie ihn wohl eifersüchtig machen wollte, indem sie ihm andeutete, das Schlafzimmer von Rudi zu kennen. Er wollte herausfinden, was hier gespielt wurde.

Beim nächsten Treffen mit Rudi stellte er ihn unvermittelt zur Rede: „Kathrin hat mir erzählt, dass Du mit ihr gevögelt hast." Rudi war wie gelähmt und stammelte: „Hat sie Dir das etwa erzählt?" Lars drehte sich wortlos um und ging. Er konnte gar nicht fassen, dass sein bester Freund es mit seiner Freundin getrieben hatte. Er stellte Kathrin zur Rede, die sofort lamentierte: „Ja, als du auf Geschäftsreise warst, hat Rudi mich zu sich zum Abendessen eingeladen. Es waren noch einige Freunde da, die aber ziemlich früh gingen. Rudi hatte mir immer wieder kräftig Alkohol eingeschenkt, so dass ich mit meinem Auto gar nicht mehr fahren konnte. Also hat Rudi vorgeschlagen, dass ich bei ihm bleiben solle, es würde schon nichts passieren. Ich habe darauf vertraut, dass er anständig ist. Er ist ja auch Dein bester Freund. Trotzdem hat er mich gepackt, ich habe das gar nicht richtig mitgekriegt."

Das war also die teuflische Rache, die Kathrin sich ausgedacht hatte. Es stellte sich heraus, dass sie Rudi in Lars' Abwesenheit unter einem läppischen Vorwand angerufen hatte. Ihr sei langweilig, weil Lars einige Tage nicht da sei. Daraufhin hatte Rudi sie eingeladen. Selbstverständlich war Rudi auch ein Verräter. Er hatte die beste Freundschaft verraten, indem er heimlich und ohne Einwilligung von Lars sich in dessen Abwesenheit an seine Freundin herangemacht hatte. Damit war Kathrins Rechnung aufgegangen. Sie hatte Lars gedemütigt und gleichzeitig versucht, die lange Freundschaft zwischen Lars und Rudi zu zerstören. Dies war ihr auch gelungen. Nachdem Lars nun Gewissheit hatte, dass die beiden, Kathrin und Rudi, ihn hintergangen hatten, beschloss er, sich bei Rudi zu rächen.

„Mein lieber Rudi", eröffnete er seinem nunmehr nicht mehr besten Freund, der übrigens schon ein länger währendes Verhältnis mit seiner sehr hübschen und etwas flatterhaften Marion hatte. „Mein lieber Rudi, fuhr Lars fort, das ist das Schlimmste, was Du einem Freund antun kannst. Ich nehme Dir das sehr übel und Du kannst Dir jetzt Folgendes merken: Ab sofort bist Du nicht mehr sicher, dass ich eines Tages mit Deiner lieben Marion vögele. Du wirst davon nie etwas erfahren, aber Du weißt ja selbst recht gut, dass Marion mich sehr sympathisch findet. Du weißt auch, dass ich fast alles bekomme, was ich haben will. Also kannst Du in Zukunft nicht mehr sicher sein, was mit Deiner jetzigen oder einer späteren Freundin passiert. Jedenfalls wirst Du es nie wissen, aber es wird passieren." Rudi hatte verstanden. Lars' Drohung hatte gewirkt. Denn Rudi wusste nun, dass es passieren würde. Die Freundschaft war für längere Zeit beschädigt.

Diese Sache mit Kathrin und Rudi ging Lars nicht aus dem Kopf. Je länger er darüber nachdachte, umso mehr kam ihm eine geniale Idee. Es kam ja immer wieder vor, dass Lars oder seine Freunde jeweils ihre Affäre mit diesem oder jenem Mädchen beenden wollten. Sobald ein Freund sein Interesse an diesem Mädchen anmeldete und wissen wollte, wann es so weit sei, beriet man sich darüber. Man werde versuchen, das Mädchen für den Übernehmer interessant und ihn bekannt zu machen. Hieraus entwickelte Lars eine Methode, die unter den Herren bald als die „Best-Friend-Theorie" gehandelt wurde. Die lief so ab, dass der Freund gegen Ende der Beziehung dem jeweiligen Mädchen den hoffnungsvollen Übernehmer mehrmals als seinen längsten und allerbesten Freund bezeichnen und seine guten und verlässlichen Charaktereigenschaften preisen musste. Diesem Freund könne er unbedingt vertrauen. Zugleich vernachlässigte er mehr und mehr seine Noch-Freundin, so dass das Ende der Beziehung absehbar wurde.

Sodann kam es zu einem verabredeten gemeinsamen Abend, einem Abendessen zu dritt in einem Restaurant, bei welchem sich der Noch-Freund zunehmend unangenehm aufführte. Das Mädchen erkennt nicht das abgekartete Spiel und unterhält sich betont interessiert mit dem potenziellen Übernehmer. In dieser Phase erklärt sich plötzlich der Freund für übermüdet und empfiehlt sich, ohne zu zahlen. Wie von den beiden Freunden geplant, kommt es noch an demselben Abend zwischen dem Mädchen und dem Übernehmer zum beabsichtigten erotischen Abschluss.

Das Mädchen hatte seine vermeintliche Rache, weil sie glaubte, sie hätte auch die Freundschaft zerstört. Der

Freund und der Übernehmer hatten ihr Ziel erreicht. Alle drei waren zufrieden. Lars und seine Freunde verfeinerten dieses System immer weiter. Das ging so weit, dass ausgemacht wurde, in welcher Preislage der Übernehmer die geglückte Übernahme dem nunmehr ehemaligen Freund durch einen gemeinsamen Restaurantbesuch bezahlte, an welchem zumeist auch die übernommene Freundin teilnahm. Diese Best-Friend-Theorie funktionierte so hervorragend, dass es teilweise sogar zu einer Rückabwicklung, das heißt Rückübernahme der Dame kam und die Freunde untereinander auch diesen Vorgang hinsichtlich des geschuldeten Abendessens regeln mussten. Als Lars nach vielen Jahren einer der betroffenen Damen diese Prozedur erklärte, erhielt er sofort eine knallende Ohrfeige, indem sie zischte: „Was seid ihr bloß für Schweine?" Aber Lars lachte nur und gab zu bedenken: „Wieso Schweine? Wir haben uns friedlich getrennt, Du hast Deine Rache bekommen und Thilo (so hieß der betreffende Übernehmer) war zufrieden und glücklich. Ihr wart doch eine ganze Zeit lang zusammen. Wir haben nur eine bestimmte erkannte Verhaltensweise im Interesse aller Beteiligten genutzt. Ich nenne das Taktik, die allen Beteiligten nur Freude und Vorteile gebracht hat." Eine Antwort hierauf hat Lars nie erhalten. Die beschriebene Taktik hatte sich jedenfalls jahrelang als sehr wirkungsvoll und erfolgreich erwiesen. Sie hatte auch nichts mit den Gemeinheiten und Lieblosigkeiten unter den Geschlechtern zu tun, die sich sonst insbesondere in bestehenden Ehen entwickelten.

Kapitel 17

War doch schon die Ehe seiner Eltern eine einzige Gemeinheit, Hass und grobe Verhöhnung gewesen, so machte Lars auch im Umfeld seiner Freunde und Bekannten die Erfahrung, dass deren Ehen sich in eine ähnliche Richtung bewegten. Dort herrschte Lieblosigkeit und teilweise zusätzlich quälende Eifersucht. Ja, es ging teilweise soweit, dass Eifersuchtsgründe geradezu gesucht wurden. Weder Männer noch Frauen waren hiervon ausgenommen. So wurde er Zeuge mancher ungefähr so oder ähnlich lautender Dialoge:

Mann: Carola, du wolltest doch um 19 Uhr zuhause sein, damit wir rechtzeitig zu unserer Essenseinladung kommen können. Jetzt ist es schon 19:20 Uhr. Da hat es Dir wohl wieder Dein Liebhaber besorgt?

Frau: Red nicht so einen Unsinn Thomas, ich hab mich noch mit meiner Freundin Babsi getroffen; sie hat im Moment sehr schwere Probleme mit ihrem Freund. Wir sind zusammen Kaffee trinken gegangen und sie hat mir ihr Herz ausgeschüttet.

Mann: Jaja, die Leier kennen wir. Ich glaube dir kein Wort.

Bei der nächsten Gelegenheit ergab sich folgender Dialog:

Mann: Carola, wieso bist du jetzt schon zuhause? Es ist erst dreiviertel sieben. Du hattest doch gesagt, dass du rechtzeitig erst um 19 Uhr hier sein wolltest. Dann hat es wohl mit deinem Liebhaber heute nicht geklappt, was?

Frau: Jetzt hör endlich auf mit Deinen ewigen Verdächtigungen. Ich wollte eigentlich noch etwas einkaufen gehen. Da aber das Wetter so schön ist, habe ich mir gedacht, dass ich lieber schneller nach Hause zu dir komme, damit wir etwas vom gemeinsamen Abend haben.

Mann: Das soll ich glauben! Ich kann mir schon denken, um wen es sich handelt!

Diese Art von Eifersucht, die man wohl Verdachtseifersucht nennen darf, war nicht geeignet, ein harmonisches Zusammensein zu pflegen. Vielmehr zerstörte es das Zusammenleben, so dass Lars sich angewidert fragte, wohin diese, vorwiegend von den Frauen erstrebte „Beziehung" allzu häufig führte.

Noch schlimmer steht es mit der Vergangenheitseifersucht, in welcher ein Partner dem anderen immerfort seine vergangenen Verhältnisse vorzuwerfen pflegt, von der Zukunftseifersucht (was wirst Du auf Deiner Geschäftsreise wieder anstellen) ganz zu schweigen. Auch bei älteren Ehepaaren musste er feststellen, dass das Gezänk der Eheleute sogar in der Öffentlichkeit ausgetragen wurde. Ungefähr so:

„Andreas, du hast dich schon wieder bekleckert. Geh sofort ins Bad und komm mit sauberem Jackett wieder!" Der Mann gehorchte sofort, ohne sich über den Ton und die Art und Weise zu beklagen. Umgekehrt machte sich der Mann ebenfalls in der Öffentlichkeit über die heruntergekommene Figur und die hängenden Brüste seiner Lebensgefährtin lustig, was ebenso widerwärtig war.

Nein, soweit wollte Lars es nicht kommen lassen. Es bestärkte ihn mehr und mehr in seiner schon in Jugendjahren geführten Erkenntnis: Wenn es zwischen den

Partnern ernst werden soll, dann hört der Spaß ja bekanntlich auf. Dem entsprach, dass Eheleute nach Abschluss der ganzen Streitereien mit der Scheidung nach einiger Zeit geradezu Freunde wurden und mit der gebotenen Achtung miteinander umgingen.

Kapitel 18

Lars wurde häufig von Frauen gefragt, wo sie denn ihren „Traummann" finden könnten. Durch längere Beobachtungen und Erfahrungen konnte er ihnen sagen, dass es den „Traummann" nicht geben werde. Die Schwärmerei von einem paradiesischen Zusammenleben mit einem Mann sei seiner Ansicht nach eine Illusion. Das Gegenteil wäre ein Wunder. So konnte man Damen, deren Ehe oder lange Beziehung gescheitert war, in Bars oder Kneipen auf der Suche nach dem Traummann beobachten. Da sie ihre Ansprüche und Erwartungen an dessen Eigenschaften und Aussehen sehr hoch gesetzt hatten, fielen alle schon bei den ersten Kontaktgesprächen durch. Sie erwarteten wohl, dass der Traummann schon mit dem Etikett auf der Stirn die Kneipe betreten würde: „Ich bin der Richtige, ich bin der Feste, ich bin Dein Traummann".

Es versteht sich von selbst, dass diese umgekehrte Reihenfolge (der Traummann muss von vornherein feststehen, ehe man sich näher kennen und schätzen gelernt hat) nicht funktionieren kann. Diese Damen sitzen noch heute wie eh und je anspruchsvoll in der Kneipe und warten vergeblich auf den Richtigen, den Festen, den Traummann oder alles zusammen. Zuhause warten sie auf den Anruf des Traummanns, aber das Telefon klingelt nicht.

Also wurde Lars gefragt, wie man denn einen solchen Mann erkennen könne. Lars konnte nur empfehlen, dass sie einen Mann erst einmal an sich gewöhnen lassen und ausprobieren müssten, ob es passen könnte.

Außerdem – so riet er ihnen – sollten sie zunächst nichts glauben, was die Männer ihnen erzählten, was sie ihnen vorlügten und sülzten, um zum Sex zu kommen. Auch wenn sie gerne Schmeicheleien hörten, so sollten sie doch immer wissen, dass aus dem Mund eines Mannes allerlei gewissenlose und täuschende Äußerungen hervorquellen. Sie sollten sich lieber den Mann von hinten anschauen.

Insbesondere sei das Hinterteil erheblich aussagekräftiger als die noch so süßen Worte eines Mannes. Nach dieser sogenannten „Arschtheorie" könnten die Frauen immerhin eine bestimmte Beurteilung des Mannes finden. Er wurde gefragt, wie denn das gehen solle und worauf man zu achten habe. Und Lars erklärte: „Es gibt dicke Ärsche, es gibt lange Ärsche, es gibt breite Ärsche, es gibt runde, flache und ganz glatte bzw. nicht vorhandene Ärsche, in dem die Hose formlos nur um das Hüftgelenk flattert. Aber im übertragenen Sinne gäbe es pfiffige Ärsche (rund und prall), dämliche Ärsche, lustige Ärsche, feige Ärsche. Vor allem aber hüte man sich vor geizigen Ärschen. Allerdings", dozierte Lars, „kann ich leider nicht sagen, ob ein Arsch auch Großzügigkeit ausdrückt. Aber ihr müsst darauf achten, wie er geformt ist und wie er sich bewegt. Daraus könnt ihr schon gewisse Schlüsse ziehen, ob der Mann fantasievoll ist, verlogen, feige, geizig, unternehmungslustig oder weltgewandt. Am Schwanz könnt ihr jedenfalls zu Anfang nichts ablesen, da er üblicherweise anders als die Brüste einer Frau nicht geeignet ist, wenigstens zum Teil gezeigt zu werden. Dies gilt als unschicklich, was natürlich einen großen Nachteil für die Männerwelt bedeutet. Also achtet auf sein Hinterteil, bevor ihr euch mit einem Mann einlasst! Schon Wilhelm Busch, der Erfinder des Comics, hat in seiner Trilogie ‚Tobias

Knopp' wegweisende Ansätze zur Arschtheorie gezeigt."

„Wenn das alles nichts hilft", so riet Lars, „dann müsst ihr nach der ‚Spielplatztheorie' vorgehen." „Was ist das denn?", erkundigten sich die Frauen bei Lars. „Tja, ihr geht am Wochenende, Samstag oder Sonntag in einem wohlhabenden Viertel der Stadt auf einen Spielplatz. Es empfiehlt sich, einen Hund und/oder auch ein kleines Kind auszuleihen und mitzunehmen. Ihr werdet sehen, dass an dem Spielplatz immer wieder edle Autos vorfahren, aus dem, entsprechend dem noblen Viertel, ein mehr oder weniger geschmackvoll, aber immerhin nicht billig gekleideter Herr mit einem oder mehreren Kindern aussteigt, um sich mit ihnen auf dem Spielplatz zu beschäftigen. Denn soeben hat er offensichtlich seine Kinder bei der geschiedenen Ehefrau, die in diesem Nobelviertel wohnt, abgeholt, um die ihm zugebilligte Zeit mit den Kindern zu verbringen. Immerhin kann er sich anscheinend ein edles Auto leisten, auch wenn es nur geleast sein sollte. Ihr seht also, dass er offenbar geschieden ist, einen gewissen Wohlstand erreicht und Familiensinn hat.

Mit diesem Accessoire, geliehenes Kind, geliehener Hund oder beides, wird es euch nicht schwerfallen, mit einem dieser Männer in Kontakt zu kommen. Denn es werden, vorzugsweise bei schönem Wetter, sicherlich mehrere Männer in derselben Weise beim Spielplatz eintreffen. Da könnt ihr dann den für euch interessantesten in ein Gespräch verwickeln. Ihr wisst nun schon immerhin Einiges über ihn. Natürlich wisst ihr nicht, ob er eine Freundin hat. Es dürfte euch aber nicht schwerfallen, mit den üblichen weiblichen Mitteln, diese Frage zu klären.

Eine weniger deutlich sichtbare Lage findet Ihr vorzugsweise am Wochenende in einem Systemrestaurant, welches auch über einen angeschlossenen Spielplatz verfügt. Wenn ihr auch dort einen Mann seht, der ohne Frau mit Kindern den Junkfood bestellt oder die Gören auf dem Spielplatz überwacht, dann ergibt sich ein ähnliches Bild. Allerdings ist es hier etwas schwieriger, den sozialen Status des Mannes zu bestimmen."

„Eins wissen wir aber nicht", wandten die Damen sofort ein: „Wir wissen nicht, ob und wie viel er seiner geschiedenen Ehefrau zahlen muss und ob noch genug für uns übrig bleiben wird." „Tja", meinte Lars, „das müsst ihr selbst herausfinden, ergänzend könnte euch vielleicht die Arschtheorie helfen. Aber ihr habt damit vorab schon einige Erkenntnisse gewonnen. Wie ihr euch anziehen müsst, das wisst ihr ja selbst. In der Phase des Kennenlernens haltet ihr in der Abendkühle im Biergarten lange mit Minirock aus. Dies, obwohl ihr wegen eurer Körperformen und der damit verbundenen größeren Oberfläche im Verhältnis zu eurem Volumen erheblich mehr Wärme abgebt als die Männer. Kaum ist alles in Sack und Tüten, tragt ihr längere Klamotten und schon bei geringerer Kühle drängt ihr nach Hause."

Alle schauten etwas unschlüssig, nur Susanne stand auf. Sie knallte Lars eine, indem sie keifte: „Das haben wir gar nicht nötig, du widerlicher Macho. Ihr schwanzgesteuerten Bastarde interessiert euch überhaupt nicht für die inneren Werte der Frauen. Ihr schaut nur auf die Titten und auf den Arsch und überlegt, wie ihr uns am schnellsten flachlegen könnt."

Nun wurde Lars ebenfalls richtig wütend: „Aber Du hast völlig recht. Wir Männer sind schwanzgesteuert. Und das ist auch gut so. Sonst würde ja überhaupt nichts bewegt werden. Ihr macht aus Eigeninitiative nichts, gar nichts", brüllte er. „Ihr habt Sachen am Körper, die uns einfach vernebeln, vor allem, wenn ihr sie besonders zur Schau stellt. Das nennt ihr sexy und ihr meint, dass das schon reicht, dass ihr unbedingt nur sexy aussehen müsst, dass ihr aber nicht sexy seid. Was habt ihr schon geleistet, abgesehen von subalternen stumpfsinnigen Tätigkeiten. Ihr redet und kichert und nichts passiert. Ihr quatscht und quatscht und bewegt doch nichts. Das ist nämlich bei Dir, liebste Susi, exemplarisch der Fall."

Daraufhin knallte ihm Susanne zum Entzücken der übrigen Damen noch eine, worauf Lars ihr androhte: „Wenn du das noch einmal tust, musst du als Emanze oder Feministin damit rechnen, dass ich dir beim nächsten Mal einen solchen Kinnhaken verpasse, dass du in die Ecke fliegst. Wenn du mich nochmal schlägst, werde ich das wirklich tun, damit du spürst, was faire Gleichberechtigung bedeutet. Aber so weit sind wir doch noch nicht mit der Emanzipation, dass ihr auch etwas einstecken könnt. Aber es geht ja wohl nicht an, dass du dir alles erlaubst, wie ein Kerl handelst und mich ohrfeigst. Dann wirst Du auch so behandelt werden und dann gibt es kein Pardon nur dafür, dass du eine Frau bist."

„Du solltest wirklich ein bisschen mehr Respekt haben", beschwerte sich Susanne.

„Respekt kann ich nur vor respektablen Leistungen haben, alles andere wäre allenfalls Achtung oder im schlimmsten Falle Mitleid", belehrte Lars sie. „Dieses ewige Gejaule, dass ihr ständig Opfer und unterdrückt seid und sexuell ausgenutzt werdet, wird euch nichts helfen, wenn ihr nicht entsprechend etwas leistet. Es reicht jedenfalls nicht, wenn ihr mit eurem Körper lockt und euch dafür möglichst für ein Leben lang aushalten lasst und gleichwohl die lüsterne Reaktion der Männer auf eure äußeren Reize heuchlerisch bedauert. Die stellt ihr ja immer mit besonderer Raffinesse zur Schau, wollt aber für die inneren Werte geliebt werden.

Das Liedchen ‚Männer sind Schweine, sie denken immer an das Eine' ist eine amüsante Persiflage auf Eure verkorkste Einstellung. Männer können darüber lachen. Aber wehe, wenn einer den Text in diesem Song umdrehen sollte, etwa so: ‚Frauen sind Säue, sie schwören dir zwar ew'ge Treue, doch denken sie nur an das Eine, wie krieg ich Diesen an die Leine?', ein wütendes Aufkreischen der Damenwelt wäre wahrscheinlich die Folge."

Lars war jetzt richtig in Fahrt gekommen. Sie standen sich kampfbereit gegenüber.

„Wir haben ja nie die Gelegenheit gehabt, uns in der Männerwelt durchzusetzen", giftete sie. „Ihr habt ja mindestens tausend Jahre Vorsprung."

„Wie das, tausend Jahre Vorsprung, was meinst du damit?", fragte Lars provozierend.

„Naja, das ist doch klar", sagte sie, „wir konnten nie etwas Besonderes machen und waren deshalb auch nicht in der Lage, es euch gleichzutun oder euch zu überflügeln."

„Das verstehe ich nicht", meinte Lars. „Die kleinen Mädels werden doch mit derselben Hardware im Hirn geboren wie die kleinen Buben. Die kleinen Buben kommen doch auch nicht mit dem Wissen von Albert Einstein oder Rudolf Diesel, Ludwig van Beethoven oder Karl Lagerfeld auf die Welt. Das muss man sich doch alles erst erarbeiten. Das gilt auch für die Männer, während die Frauen bisher zu faul dafür waren. Ihr habt doch dieselben Möglichkeiten seit Urzeiten gehabt. Seit Jahrhunderten lehrt man euch doch das Kochen, das Klavierspielen und Tanzen! Was hat euch gehindert, eine Musik wie Franz List, Chopin oder Robert Schumann zu schreiben, von Brahms oder Beethoven ganz zu schweigen. Wer hat Euch gehindert, Philosophien wie Aristoteles und Kant oder Theorien wie Einstein zu entwickeln, Gemälde und Konzeptionen wie Leonardo oder unzählige weitere Meister zu schaffen? Ich habe noch nie von einer Frau Mozart, einer Frau Einstein oder Frau Gauguin gehört."

„Immerhin gibt es Madame Curie", gab Susanne zu bedenken.

Lars lächelte mokant und höhnte: „Seht ihr, es ging also doch! Und übrigens: Madame Curie studierte als polnische Studentin Physik an der Sorbonne in Paris. Sie suchte eine Praktikantenstelle. Durch Vermittlung ihres Professors lernte sie den Physikforscher Pierre Curie kennen. Der verfügte bereits über große Erfahrungen in der Erforschung der Eigenschaften chemischer Elemente. Und er hatte sich ein von ihm allein finanziertes und voll eingerichtetes physikalisches Forschungslabor erarbeitet, in welchem Marie Sklodowka durch Vermittlung ihres Professors die gewünschte Praktikantenstelle erhielt. Aufgrund der bereits bestehenden Erkenntnisse des Herrn Pierre Curie kommen sie bei gemeinsamen Versuchen auf den gemeinsamen Gedanken, dass es ein bis dahin noch unbekanntes Element geben müsse, welches eine erhöhte Strahlung abgibt. Es gelingt den beiden, dieses Element zu eliminieren. Sie nennen es Radium und nennen dessen Strahlung Radioaktivität. In der Tat haben wir es hier mit einer begabten und bedeutenden Frau zu tun, die nach dem Praktikum zunächst nach Polen zurückkehren und dort Physiklehrerin werden wollte. Als aber Pierre ihr einen Heiratsantrag macht, entschließt sie sich, ihn zu heiraten und bei ihm zu bleiben. Also darin ist ja wohl wirklich keine nennenswerte bahnbrechende Leistung zu sehen, wenn jemand auf bereits weitgehend bestelltem Acker gemeinsam mit dem Landmann eine bereits weit gediehene Ernte einfährt und dabei die dickste Kartoffel erwischt. Marie Curie ist die immer wieder erwähnte, aber doch weit überschätzte Vorzeigefrau. Da wäre Margarethe Steiff als Beispiel einer initiativen Frau schon eher angebracht."

„Wer ist Margarethe Steiff", fragte Susanne verstört.

„Siehst du", höhnte Lars weiter, von Deinen erfolgreichen Geschlechtsgenossinnen weißt du nur vom Hörensagen von der ach-so berühmten Marie Curie, nicht aber von der wirklich auf eigene Initiative und eigenes Risiko ein großes Unternehmen aufbauenden Frau Margarethe Steiff. Ich will es Dir verraten: Sie hat die weltbekannten Steifftiere erfunden, erfolgreich produziert und vermarktet. Das ist eine Domäne, die nicht gerade wissenschaftlich und neuartig war, aber immerhin doch eine beträchtliche Energie und Risikobereitschaft erfordert. Oder denk an Käthe Kruse, welche die berühmten Puppen entwickelt hat. Solche Energien trifft man bei euch nun wirklich nicht häufig an. Im Gegenteil, ihr gefallt euch weiterhin darin, über eure Chancenlosigkeit und Unterdrückung zu jammern. Es ist doch seltsam, dass selbst in eurer Domänen wie Mode, Kunst, Musik im schöpferischen Bereich fast keine weibliche Weltklasse zu finden ist, sondern allenfalls Ergebnisse im nachmachenden bzw. reproduktiven Bereich. Ist es nicht verwunderlich, dass die weltbekannten Frauen nur in wenigen Domänen zu finden sind, in denen es auffällig viele weibliche Spitzenkräfte gibt, nämlich Schauspielerinnen, Sängerinnen, Musikerinnen und Nutten und das nicht erst seit der Emanzipationswelle? Das sagt doch eine Menge aus über eure Anstrengungen unter der angeblichen ewigen Unterdrückung. Typische Männerdomänen sind hingegen Forscher, Erfinder, Künstler Philosophen, Schriftsteller, Kriegshelden und -verbrecher, Angeber, Hochstapler, Spieler und Heiratsschwindler.

Hast du zum Beispiel Frau Angela Merkel zur Bundeskanzlerin gewählt", fragte Lars lauernd.

„Nein", brach es aus Susanne heraus, die habe ich selbstverständlich nicht gewählt. Auch die anderen umstehenden Damen bekräftigten eifrig, dass sie Frau Merkel nicht gewählt haben und sie auch niemals wählen würden.

„Warum?", fragte Lars. Tja, da gingen die Antworten ins Ungefähre: „Weil es nicht gut ist, wenn eine Frau an der Spitze steht … weil mir die Frau Merkel einfach unsympathisch ist …Weil, sie in die Politiklandschaft nun mal nicht reinpasst … etc. etc."

„Ich will euch mal was sagen, ihr Kälber", dozierte Lars weiter: „Ihr habt sie einfach deshalb nicht gewählt, weil sie eine Frau ist. Warum habt ihr das getan? Ich will es euch verraten: Damit ihr weiter jammern könnt, dass man als Frau in diesem Land keine Chancen hat. Frau Merkel beweist euch das Gegenteil und das passt euch nicht."

Die Damen wirkten etwas betreten. Lars hatte offenbar ins Schwarze getroffen, zumal die Damen ja nicht in der Lage waren, konkrete Gründe für ihre Ablehnung der Kanzlerin zu nennen. Frau Merkel hatte ihnen offenbar ein großes Stück ihrer notorischen Begründung genommen, warum sie sich lieber mit einfachen Routinearbeiten beschäftigen, zumal solche, die eine ständige Wiederholung bedeuten, wie Kochen, Putzen, Kinder füttern und windeln, Kinderwagen schieben, Büroarbeiten, Shoppen und Erben.

Diese Generation von Frauen hatte sich offenbar darauf verlassen, dass sie sich mit den unbestreitbaren Reizen ihres Körpers eine dauerhafte Versorgung schaffen. Frau Merkel hingegen hatte ihre Position wohl kaum mit den Reizen ihres Körpers erlangt, sondern vielmehr mit zähem Ehrgeiz, Zerbeißen von Konkurrenten und skrupellosem Handeln dergestalt, dass sie selbst ihrem Ziehvater, Herrn Bundeskanzler Dr. Kohl, im geeigneten Moment als einzige mutig die Kehle durchschnitt, ohne dass man nachher Narben bemerkte.

Der weitere Verlauf des Gesprächs braucht nicht geschildert zu werden, weil es keine nennenswerten Inhalte erbrachte.

Kapitel 19

Lars war in dieser Generation aufgewachsen, auch er entging nicht dem üblichen Schema. Seine Freundin wurde schwanger, ohne es ihm vor Ablauf von drei Monaten mitzuteilen. Da Lars schon mittleren Alters war, entschloss er sich zur Heirat. Seine Frau bekam ohne Absprache sofort ein zweites Kind, so dass Lars sich nunmehr anstrengen musste, ausreichend Geld für alle zu verdienen. Seine mit bester Ausbildung ausgestattete Frau gab sofort sämtliche beruflichen Pläne auf. Sie beschäftigte sich mit der Ausstattung der Kinder, deren Pflege und vor allem dem ausgiebigen Shoppen. Sie schaffte jeden Tag mehr Krimskrams heran, den sie gerade angeblich besonders preisgünstig erworben hatte. Sie drängte Lars zur Anmietung einer größeren Wohnung in einem schickeren Wohnviertel, zum Ankauf eines bedeutenderen Autos. Kurz, sie tat alles, um den äußeren Status anzuheben, ohne hierzu allerdings einen finanziellen Beitrag zu leisten, obwohl ihr dies kraft ihrer Ausbildung ohne weiteres möglich gewesen wäre.

Lars, der bis dahin eher pessimistischer Griesgram war, der sich allenfalls mit Übermengen von Alkohol in einen Glückszustand versetzen konnte, wandelte sich wundersam zu einem liebevollen Kindsvater. Bis dahin hatte er sich die meiste Zeit über allerlei Generelles, Spezielles oder Sonstiges geärgert. Lars ärgerte sich gern. Er ärgerte sich sogar darüber, dass er sich gerade über nichts ärgern konnte. Das war nun ganz anders. Lars erinnerte sich an seine Kindheit, die für ihn wie ein Alptraum gewesen war. Sein Vater hatte sich bei seiner glücklicherweise äußerst seltenen Inspektion des Kinderzimmers jeweils über die Unordnung so aufgeregt, dass er sämtliche Spielzeuge in eine Ecke schmiss und sie zusammentrampelte. Wenn ein Lars' dem Vater zu widersprechen wagte, wurde er sofort angeherrscht: „Hast du überhaupt Abitur? Nein, dann melde dich erst, wenn es einmal so weit sein sollte!" Er hatte in Lars' Kindheit heimlich von dessen Fahrrad eine mühsam für zwei Mark erstandene zusätzliche Lampe, einen Schalter und eine selbstgebaute Blinklichtanlage abmontiert und diese Sachen in den Müll geworfen. Auf Lars' wütende Fragen, wo denn diese Dinge geblieben seien, erklärte er: „Das habe ich alles abgebaut. Es ist unsinnig, ein Fahrrad mit so einem überflüssigen Firlefanz schwerer zu machen. Es kommt darauf an, dass ein Fahrrad leicht ist und deshalb habe ich den ganzen Krempel weggeworfen." Auf Lars' Widerspruch wurde ihm wiederum eine Ohrfeige geknallt, womit die Angelegenheit für den Vater erledigt war. Statt einer neuen Lampe gab es nun eine sofortige Unterweisung in Bruchrechnung. Lars war so verbittert, dass er keine vom Vater gestellte Aufgabe lösen konnte. „Kannst du nicht, oder willst du nicht", wurde er zunehmend bedrohlich angeschrien.

Eine derartige Eiseskälte, der ein unmündiges Kind ohne Geld und anderweitige Unterkunft bekanntlich nicht entrinnen kann, wollte Lars seinen Töchtern unbedingt ersparen. Er wickelte sie, fütterte sie, nahm sie häufig mit in die Ferien, lehrte sie Fahrrad fahren, Segeln, schließlich auf Feldwegen Autofahren und freute sich über die ungeheuer fantasievolle Gedankenwelt heranwachsender Kinder. Zum Glück wurden die Töchter nicht nur hübsch, sondern insbesondere sehr intelligent, charakterlich stabil und im Umgang mit anderen Menschen souverän und ausgewogen.

Die Ehe war alsbald geschieden, da die Erwartungen und Ausgaben seiner Frau sich ähnlich wie bei dem plattdeutschen Märchen „De Fischer un sin Fru" ständig steigerten, ohne auf das Auf und Ab der geschäftlichen Unternehmungen Lars' Rücksicht zu nehmen. Man musste mit gewisser Verwunderung wahrnehmen, dass Lars von gleichaltrigen Damen bzw. mit Hauptberuf Ehefrauen getadelt oder gar beschimpft wurde, dass er sich nun einfach scheiden ließe, da er doch für die Familie zu sorgen hätte und da seine Frau ihm doch so wundervolle Kinder geschenkt hätte.

Und wieder geriet Lars mit Frauen dieses Schlages aneinander: „Zum Kinderkriegen und Kinderaufziehen gehören zwei", so wurde er belehrt.

„Ebenso gehören zwei auch zur Schaffung der entsprechenden finanziellen und sozialen Mittel", warf Lars ein. „Das ist aber bei meiner Frau und mir völlig unausgewogen." Er schilderte wutentbrannt die luxuriösen Ambitionen seiner Frau und bemerkte schließlich: „Ich wurde zum Vater gemacht, ohne dass ich dazu gefragt wurde."

In gesteigerter Empörung musste er nun von den Gevatterinnen das Übliche hören: „Aber du warst doch immerhin auch dabei und dann hast du auch dafür zu sorgen."

„Moment", sagte Lars: „Natürlich war ich dabei. Ich wurde aber nie gefragt, nichts wurde einvernehmlich besprochen und ich hätte ohne weiteres auch noch Vater eines dritten oder vierten Kindes werden können, ohne allerdings hierzu um Zustimmung gefragt zu werden. Ich wurde erst im dritten oder vierten Monat informiert."

„Du hättest doch selbst verhüten können", hieß es nun von der Wortführerin.

„Tja, das wäre möglich gewesen. Allerdings wollte meine Frau keine Gummis im Bett. Dann hätte wohl nur absolute Keuschheit geholfen", erkundigte sich Lars bei den Damen.

Darauf gab es nun gar keine Ratschläge mehr.

„Im Übrigen", fuhr Lars fort, „hat meine Frau diese Kinder nicht bekommen, um mir für später ein großes Glücksgefühl zu bescheren. Ihr Ziel war allein, für sich eine Versorgung aufzubauen und dies mit den Kindern abzusichern."

Wieder herrschte zunächst unschlüssiges Schweigen bei den moralisierenden Damen, während hinten in der Ecke der Kneipe die nächste Generation junger Mädels in hochgestyltem Outfit, höchst gepflegten Frisuren und Make-Up zu der lauten Musik wippte, oui-oui-Laute ausstieß und in ebensolcher Lautstärke sich über andere nicht anwesende Geschlechtsgenossinnen amüsierte. Sie saßen auf der Kneipenbank wie im Regal aufgereihte bunte Spielzeuge.

Lars, genervt von den moralisierenden Belehrungen seiner umstehenden Damen, fuhr die bunt gekleideten und bemalten Mädelchen auf der Eckbank an: „Nun haltet doch endlich mal den Schnabel, ihr dämlichen Küken!"

Die schauten ihn erstaunt an. „Was ist denn das für einer", meinte die Eine.

Daraufhin giftete Lars zurück: „Hört mal auf mit eurem Geschwätz. Ihr wisst ja noch nicht einmal, dass ihr gar nichts wisst, außer über sexy Klamotten zu ratschen oder irgendeinen Klatsch über andere breit zu treten. Was lungert Ihr hier überhaupt herum? Geht doch los zum Shoppen bei Gucki, Ricki und Kacki mit Papas Pappe! Eigentlich gehört ihr doch längst nach Hollywood oder zumindest als Covergirl auf den Playboy, oder wartet ihr auf eure Quote?"

Daraufhin funkelte eine der außergewöhnlich hübschen Mädels ihn an und keifte: „Lass uns in Ruhe, du Verwesi, kümmere Dich lieber um deine Rente!"

Lars war betroffen. Immerhin war er nicht mehr der Jüngste. Andererseits fand er diese rasend hübschen bunten Mädelchen nicht nur appetitlich, sondern geradezu aufregend. Er konnte ihnen letztlich gar nicht böse sein, lächelte sie an und sagte gönnerhaft: „Also, dann quietscht doch einfach so weiter, ihr Mäuse!"

Zurückgekehrt zu den Gevatterinnen, erntete er nun Hohn und Spott des Inhalts: „Das ist wohl nicht mehr deine Welt. Tja, mein Lieber, wenn Du in Deinem Alter noch so was Hübsches haben willst, dann kostet's eben Geld. Und je älter Du wirst, umso mehr Geld wird es dich kosten."

So war also die Welt wieder in Ordnung, jedenfalls für die Moralistinnen. Da war sie also immer noch, die Doppelmoral. Einerseits wie es in einer „idealen Beziehung" angeblich sein sollte und andererseits wie es tatsächlich ist.

Wie dieses Gespräch weiterging, ist nicht mehr bekannt. Es war auch nicht mehr viel zu sagen, da es sich allenfalls um Wiederholungen gehandelt haben dürfte. Tatsache ist jedoch, dass ein Mann, ob Softie oder Macho, umso triebhafter und umso weniger verstandesmäßiger sich verhält, je mehr ihm nackte weibliche

Haut geboten wird. Diese Triebe sind weniger beherrschbar als beispielsweise Wünsche. Diese Tatsache hat sich wohl inzwischen in der gesamten Damenwelt und zwar schon bei den allerjüngsten Mädchen herumgesprochen. Sie wären schön dumm, wenn sie diese natürliche Überlegenheit nicht nutzten. Die Ausnutzung dieser Überlegenheit der Frauen und das Beklagen der Triebhaftigkeit der Männer ist also mehr als heuchlerisch.

Die Überlegenheit verführt allerdings viele Frauen dazu, die Triebhaftigkeit der Männer infam auszunutzen und sich diese untertan zu machen. Man sieht viele bedauernswerte Männer, die sich abrackern, um ihre nörgelnden Frauen materiell zufriedenzustellen. Dabei kommt ihnen noch zugute, dass die Ehe und Familie, also die strenge Bindung an eine Frau als hohes ethisches Gut gehandelt wird und die Männer hierdurch spätestens ab dem Zeitpunkt der Eheschließung unter stetigem moralischen Druck in ihrer Triebhaftigkeit gebändigt und an die Kette gelegt werden sollen.

Häufig ist etwa zu beobachten, dass nach den verführerischen Reizungen und der Aussicht auf ungestörten Sex der Mann in die Eheschließung einwilligt und dass die Frau kurz nach der Eheschließung mit dem Sex ausgesprochen sparsam umgeht. Er wird nur noch als Belohnung für ein Schmuckstück, ein neues Kleid, eine Reise oder dergleichen gewährt. Oder bestenfalls um nett zu sein und dem Mann einen Gefallen zu erweisen. Wirklich naturgeile Frauen, die Sex um seiner selbst betreiben, sind selten. Auf diese Weise hat es die zahlenmäßige Mehrheit der Bevölkerung geschafft, sich als ständig unterdrückte Minderheit zu beklagen. In sämtlichen Medien wird diese Opferrolle immer wieder gehegt und beschworen. In einer bekannten angesehenen Zeitschrift wurden vor einigen Jahren ältere unansehnliche, aber reiche Männer ausführlich verhöhnt, die sich anlässlich eines edlen Events in einem Luxushotel mit blutjungen weiblichen Beautys umgaben. Über die nuttigen Püppchen wurde jedoch kein Wort verloren.

Lars musste zu seinem Erstaunen auf seine Frage, welchen Typ von Mann eine Frau sich am liebsten wünsche, etwas sehr Seltsames erfahren: Unter leichtem Alkoholeinfluss und lockerer Zunge erklärte ihm die eine oder andere Frau, dass sie sich durchaus einen Macho als Mann wünsche, allerdings müsse er sehr zartfühlend und zuvorkommend und auch willens und in der Lage sein, sie „auf Händen zu tragen". Lars konnte nicht anders, als sofort zu antworten: „Du erwartest also, dass er dich als echter Macho bumst, dir dann in den Arsch tritt und dir befiehlt, morgen um 18 Uhr wieder zum Bumsen vorbei zu kommen", höhnte er. „Gleichzeitig aber erwartest du, dass er dich auf Händen über die Trambahngleise trägt, um dich sanft vor der Sparkasse abzusetzen, oder wie oder was?"

Es blieb ihm rätselhaft, wie diese Eigenschaften zusammenpassen sollten. Allerdings musste er immer wieder feststellen, dass es tatsächlich derartige Fälle gab, in welchen der mehr oder weniger primitive Mann in der Art eines Zuhälters bestimmte, was die Frau hier und da zu tun hätte. Wahrscheinlich, so sinnierte Lars, genoss die Frau, dass der Kerl bestimmte, was zu tun und was zu lassen sei. Ja, es ging so weit, dass ein solcher Kerl der Frau verbot, bestimmte Freunde zu besuchen, später als 18 Uhr nach Hause zu kommen, in der Boutique oder in der Bar zu arbeiten, überhaupt zu studieren und zu versuchen, ihr Leben selbst zu gestalten oder sogar selbst zu finanzieren. Offenbar wird eine derartige Fremdbestimmung geschätzt. Anscheinend hatten diese tatsächlich von einem solch primitiven Lümmel unterdrückten Frauen tief im Innern das Gefühl, dass dieser Mensch nicht nur sie beherrschte, sondern dass er sich auch im sonstigen Leben durchbeißen und durchsetzen würde, dass er also ein wahrer Krieger sei.

Selbstverständlich beklagten sich diese Frauen über die Art ihrer Behandlung, betonten aber gleichzeitig, dass sie sich auf keinen Fall mit einem Softie oder einem Ja-Sager einlassen würden. Dies wäre wirklich zu langweilig. Der jetzige sei im Grunde ein guter Mensch, auch wenn er sie hin und wieder schlage, aber sie werde ihn schon noch ändern. Nun fragte sich Lars allerdings bestürzt, ob es besonders interessant sei, mit einem Macho zusammen zu sein, der sich als derartiges Ekel aufführte, um ihn zu ändern. Aber wie passte das zusammen, auf der einen Seite die ständige Klage über die Unterdrückung und auf der anderen Seite die latente Sehnsucht nach dieser Unterdrückung? Und dann die Aussage, sie werde ihn schon ändern. Wie soll das gehen, einen derart primitiven Menschen zu ändern, der ja gerade mit dieser Primitivität Erfolg hat?

Nein, dachte sich Lars, mit diesen Widersprüchen, gegensätzlichen Aussagen und Verhaltensweisen konnte er nicht fertig werden. Für ihn standen dafür einige Dinge fest, an denen er sein Frauenbild festgemacht hatte: Frauen sind nicht lässig. Sie sind nicht großzügig, nicht wirklich witzig und in seltensten Fällen kreativ, aber sie sind erfreulicher Weise nicht angeberisch. Beim Autofahren beachten sie nicht den rückwärtigen Verkehr, bremsen unvermittelt und rasen auf rote Ampeln zu, um dann wieder scharf zu bremsen. In ihren Geldbörsen befinden sich immer eine besonders große Menge besonders kleiner Münzen. Sie laden einen Mann niemals ein, allenfalls zu sich nach Hause zum selbst zubereiteten Essen, um ihnen die Welt des Familienlebens näherzubringen.

Hatten sie ein neues Date und gingen abends in froher Erwartung, den Richtigen zu finden, zu einem entsprechenden Treffen, so hatten sie schon in den 70er/80er Jahren in ihrer Geldbörse ziemlich genau 20 Mark und 30 Pfennig. Lars fragte sich, was hierfür wohl der Grund sei. Schließlich kam er auf die Lösung: Sollte das Date mit dem Neuen schiefgehen, so hatten sie immerhin 30 Pfennig, um am damaligen Münzfernsprecher (Handys gab es noch nicht) in der Kneipe oder auf der Straße den bisherigen Freund anzurufen und ihm zu klagen, dass sie in Schwierigkeiten seien, er möge sie doch hier oder dort abholen. Für den Fall, dass der bisherige oder ehemalige Freund ablehnte oder nicht zu erreichen war, so hatten sie immerhin noch als letzten Notnagel die 20 Mark eingesteckt, um damit äußerstenfalls ein Taxi nach Hause zu bezahlen. Diese Geldeinteilung, in der Ausgaben für eigene Bedürfnisse oder gar für die Einladung eines Freundes nicht eingeplant waren, wurde alsbald als die sogenannte 20-Mark-30-Theorie bekannt.

Nun, das waren feststehende Tatsachen, die er im Laufe seiner sexuellen Karriere gelernt hatte. Im Übrigen fiel ihm auf, dass zumindest seine Frauen stark zur Schwarz-Weiß-Einteilung der Gegenstände, der Menschen und der Verhaltensweisen neigten. Dabei weiß ein jeder, dass es nur in sehr seltenen Fällen etwas allein wirklich Gutes und etwas ebenso allein absolutes

Schlechtes gibt. Wie aber soll man sich in einer Welt flexibel und selbstbewusst bewegen, wenn man allenfalls ganz schlicht nur zwischen Gut oder Böse zu unterscheiden pflegt. In diesen Fällen kommt es nicht einmal zu einem Abwägen zwischen einerseits und andererseits, schon gar nicht zu einem definitiven entweder/ oder.

Lars hatte festgestellt, dass Frauen, insbesondere in seinem Beruf als Rechtsanwalt, ausgesprochen unflexibel und in fast allen Fällen vollkommen kompromisslos handelten. Selbst wenn allen Beteiligten klar war, dass sie beispielsweise in einem Prozess unterliegen mussten, so gingen sie lieber unter ständiger Wiederholung ihrer Argumente mit wehenden Fahnen unter, als dass sie in irgendeiner Form nachgaben, um zu versuchen, durch einen Kompromiss wenigstens einen Teilerfolg herauszuholen. Auch hier fehlte es an einer Großzügigkeit oder gar Diplomatie, die wenigstens einen Teilerfolg hätte bringen können. Man sieht es auch an der großen zeitgenössischen Politik. Dort wo Frauen an der Macht waren, gab es ausnahmslos Kriege. Die sicherlich mit gewissem Geschick auch hätten verhindert werden können. So hat Frau Margret Thatcher einen kompromisslosen Falklandkrieg geführt, auch wenn er ihr zugegebenermaßen aufgezwungen wurde. Frau Bandaraneike, Frau Indira Gandhi und Frau Golda Meir haben allesamt ausnahmslos Kriege geführt, da sie in ihrem Land die nahezu unbeschränkte Macht und Entscheidungsgewalt hatten. Eine kompromissfähige oder gar beschwichtigende Tendenz hatte man bei ihnen nicht feststellen können.

Wie soll das bloß weitergehen, dachte Lars. Es gibt so viele intelligente Frauen, die sich lieber zum „Dümmchen-Gänschen" machen, als einen nichtsnutzigen und wesentlich dümmeren Chauvi oder gar Macho zu verlieren. Denn, so die landläufige Meinung der Damen, es ist besser, mit einem Mann zu leben und ein Leben zu zweit zu führen, als allein zu sein. Eine männliche Begleitung ist besser geeignet zum Ausgehen, für kleine Reparaturen im Haushalt, für die Reputation in der Öffentlichkeit, also auch zum Schutz vor unflätigem Anbaggern etc. Kurz: Es ist besser, einen beschissenen Kerl zu haben als gar keinen. Leider gibt es wohl immer noch den größten Teil der Männer, die eine intelligente Frau geschweige denn eine selbstbewusste Frau nicht schätzen, sondern sich lieber mit „Dümmchen-Gänschen" zusammentun. Dies darf aber, so denkt Lars bis heute, kein Grund sein, sich unter das eigene Niveau zu begeben und seine Persönlichkeit teilweise zu verraten. Warum folgt der größte Teil der Frauen dem absurden Motto: Besser irgendeinen Kerl als gar keinen? Dabei ist ein dummer Mann doch noch viel unerträglicher als eine dumme Frau. Ein dummer Mann neigt dazu, durch auffälliges, lautes und häufig peinliches Verhalten und Angebereien seine Männlichkeit und seine Wichtigkeit zu hervorzukehren und sich nach dem Motto zu produzieren: „Laut ist lustig – hier ist was los". Mit Ausnahme der sogenannten Betriebsnudel, die alles in die Hand nehmen und regeln möchte, produzieren sich dumme Frauen nicht in einer derart aufdringlich übertriebenen Art. Sie bevorzugen die Betonung körperlicher Reize, die sie – wenn nötig – mit geeigneter Prothetik an Po und Busen aufzubessern versuchen.

Kapitel 20

Lars war nun ein alter Mann geworden. Sein Bild der Frauen hatte sich im Laufe seines Lebens sehr stark verändert. Während er sie in früher Kindheit noch als Heilige ansah, die nicht einmal aufs Klo gingen, hatte er im Laufe der Zeit unter vielen Bekanntschaften, Freundschaften und Geliebten Erfahrungen gesammelt, die ihm erlaubten, gewisse, fast immer gleiche Verhaltensmuster zu erkennen. Er hatte Stutenbissigkeit, Eifersüchteleien, verlogene Liebesschwüre im Bestreben, unter Dach und Fach zu kommen, sowie enorme, mehr oder weniger fruchtlose Balzanstrengungen seiner Geschlechtsgenossen erlebt. Nun war er nicht mehr der Jüngste und wünschte in der Tat den Tag herbei, an welchem der ihn ewig antreibende Trieb erlahmen sollte.

Dann könnte er sich den übriggebliebenen Bedürfnissen und Freuden widmen, etwa gut Essen und Trinken, eigenes Geld zählen, Segeln, Reisen, sich mit Freunden und Freundinnen zu unterhalten und zu beschäftigen, ohne sich in den bisherigen Verwicklungen und Fisematenten zu verfangen. Dann wäre wohl die Altersweisheit erreicht. Aber der Trieb erlahmte nicht. Er wird ihn wohl bis zum Tode begleiten.

Epilog

Es ist festzustellen, dass sowohl die Großtaten als auch die größten Verbrechen von Männern ihre Ursache darin haben, dass die Männer bestimmten Frauen imponieren wollten. Oder woran liegt es, dass nahezu alle weltbewegenden kulturellen und wissenschaftlichen Leistungen, ob auf dem Gebiet der Musik, der Literatur, der Philosophie, der bildenden Kunst oder der Technik, von Männern geschaffen wurden? Hier erhebt sich die Frage, wo die Menschheit denn heute wäre, wenn es nur Frauen gäbe, die sich ihrerseits durch jeweils weibliche Ableger fortgepflanzt hätten. Hätten wir dann heute als höchste technische Erfindung eine aus Moosstückchen zusammengesetzte Mulde als Bettchen für den stets weiblichen Säugling? Oder hätten wir in dieser Variante ebenfalls luxuriöse Sportwägen, Swimmingpools, Kosmetik- und Nagelstudios, Flugzeuge, Handys, Vibratoren mit dazugehörigen Batterien, Champagne-Wein, Pop-Musik und Wellness-Oasen, derer sich die Frauen stets fast zwanghaft bedienen, zu denen sie aber rein gar nichts beigetragen haben, es sei denn eine Beschwerde über die Farbe irgendeines Polsters oder dergleichen?

Woher kommt der Trieb der Männer, Motoren, Funkwellen, Raketen, Düsenantriebe etc. zu entwickeln oder unter Lebensgefahren in die kältesten Polarregionen vorzustoßen, sich in ungewisse Gegenden des Weltraums oder unsägliche Tiefen des Meeres und der Erde zu wagen, um dort zu forschen oder Wohlstand zu schaffen? Wie erklärt sich die zurückhaltende Eigenschaft der Frauen, die gern die unter mannigfachen Gefahren von Männern erarbeiteten Errungenschaften nutzen, aber erst dann, wenn sie beheizbar, ungefährlich und gebrauchstauglich geworden sind? Man denke an die moderne Alltagsfrau, die in fein gewirkter Garderobe mit aus Edelstahl gestützten Stiletto-Absätzen mit einem Handy an jedem Ohr in hoch gebaute 8-zylindrige SUVs steigt, um ihren Neigungen nachzugehen und sich zu ihrem Starfriseur zu begeben? Nach allem drängt sich die These auf, dass die Männer Neues erfahren, erproben und erfinden wollen und damit Veränderungen herbeiführen, während die Frauen es vorziehen, das Bestehende zu bewahren, keine Experimente zu wagen oder gar körperliche Risiken einzugehen.

Dieser seit sehr langer Zeit bestehende Rollenunterschied wurde und wird – soweit erkennbar – bis heute nicht in Frage gestellt. Kürzlich hörte man auf die einer Frau scherzhaft gestellte Frage, was sie denn täte, um mit einem Mann ins „Geschäft" zu kommen, die Antwort: „Du musst sie nur gescheit anlächeln; die Männer machen das dann schon alles – alles, bis zum Schluss."

Aber es gibt Hoffnung. Insbesondere eine neue Generation junger Mädchen ist aufgewacht. Sie haben nicht nur wie eh und je mehr Zeit für ihre Ausbildung. Sie sind fleißig und nutzen ihre Fähigkeiten viel intensiver. Sie sind durch die neuen Medien bestens informiert. Sie können Gefühl und Verstand miteinander in Einklang bringen. Sie wissen sehr gut zu unterscheiden zwischen Liebe, Sex und Verlangen. Sie sehen Eifersucht nicht mehr als Liebesbeweis, sondern als Persönlichkeitsstörung an. Neben ihrer natürlichen Intelligenz verfügen sie noch über die Waffen einer Frau. Sie wissen auch sehr gut, dass ihre Halbwertzeit wesentlich geringer ist als die der Männer. Deshalb setzen sie Ihre Reize frühzeitig und gezielt ein und gehen sorgsamer mit ihrer

Gesundheit um. Sie machen schon eine Lebensplanung. Und sie müssen keine Zeit mit Balzritualen vergeuden. Allerdings sind ihre Stimmen, insbesondere der Vokal „a" rauer und knarrender geworden. Sie gehen oder schlendern nicht mehr, sie marschieren quasi im Stechschritt mit mindestens einem Handy am Ohr.

Der Zukunft der Männer muss man hingegen mit Sorge entgegensehen. Sie kümmern sich kaum um ihre Lebensplanung und überlassen viele Tage dem Suff und dem Zufall. Wenn sie weiter ihre Zeit damit vertun, sich mit ebenso unsinnigen wie zeitraubenden Balzritualen und deren kostspieligen Vorbereitungen zu beschäftigen, so werden sie sehr bald ins Hintertreffen geraten. Eine ohnehin verfassungswidrige Quotenregelung zu Gunsten der Frauen (Art. 3, 3 GG: Niemand darf wegen seines Geschlechts ... benachteiligt oder bevorzugt werden) wird dann nicht mehr nötig sein, da die Frauen aus eigener Kraft ganz leicht nach oben kommen können, wenn sie nur wollen. Die überkommenen Waffen eines Mannes, wie Charme, gutes Aussehen und Geld führen, nicht automatisch oder gar zwingend zu einer natürlichen, geradezu willenlosen Begeisterung der Frauen, wie es umgekehrt bei den Männern beim Anblick weiblicher Reize der Fall ist.

Die Wirkung männlicher körperlicher Attraktionen ist auch bei einem guten Körperbau mit Sixpack etc. verhältnismäßig gering. Da wirken selbst bei missgestaltetem Körperbau schon eher Macht und Geld. Die Waffe, die er in der Hose trägt, hat zurzeit jedenfalls keine optischen Reize. Der Mann könnte ja mal versuchen, es den Frauen gleich zu tun, und anstelle des Hosenladens ein eventuell sogar vergrößernd geschliffenes Sichtfenster einzubauen, so wie die Damen mit High-Heels,

Push-Ups und Hinternprothetik körperliche Vorzüge vortäuschen. Mit derartigen Versuchen würde ein Mann nur Abscheu erregen, so dass es eher ratsam wäre, ein bekannter Schauspieler oder Unterhaltungsmusiker zu werden.

Die unerklärliche Hysterie, die diesen Personen von der jungen Weiblichkeit entgegenschlägt, ist nur ein kleines Pendant zu dem zwanghaft Hingerissensein der Männer zu auffälligen weiblichen Reizen. Da aber derart bekannte Schauspieler und Popstars nur eine kleine Minderheit der Männerwelt darstellen, bleibt es bei den natürlichen Nachteilen, die der Mann zu tragen hat. Die nachwachsende Weiblichkeit wird ihre Überlegenheit zu nutzen wissen. Sie sollte aber darauf achten, nicht zu vermännlichen. Leider sieht man sie häufig mit schnarrender Stimme am Handy und bedeutsamem Gesicht im Eilschritt die Straßen durchstreifen. Immer seltener sieht man sie mit einem Lächeln entspannt schlendern und promenieren. Sie sollten nicht aus den Augen verlieren, dass sie es noch schwerer haben werden, einen angemessenen Partner zu finden.

Denn den meisten Männern ist es noch immer nicht gegeben, mit einer klügeren und vor allem besser verdienenden Frau zurechtzukommen. Und die Männer werden sich daran gewöhnen müssen, von den Frauen überflügelt zu werden. So wird das inzwischen verzopfte Motto des Herrn Goethe „Das ewig Weibliche zieht uns hinan" sich wandeln zu der Erkenntnis: „Wenn die Männer nicht wach werden, stößt das ewig Weibliche sie endgültig hinab".

www.tredition.de

Über tredition

Der tredition Verlag wurde 2006 in Hamburg gegründet. Seitdem hat tredition Hunderte von Büchern veröffentlicht. Autoren können in wenigen leichten Schritten print-Books, e-Books und audio-Books publizieren. Der Verlag hat das Ziel, die beste und fairste Veröffentlichungsmöglichkeit für Autoren zu bieten.

tredition wurde mit der Erkenntnis gegründet, dass nur etwa jedes 200. bei Verlagen eingereichte Manuskript veröffentlicht wird. Dabei hat jedes Buch seinen Markt, also seine Leser. tredition sorgt dafür, dass für jedes Buch die Leserschaft auch erreicht wird

Autoren können das einzigartige Literatur-Netzwerk von tredition nutzen. Hier bieten zahlreiche Literatur-Partner (das sind Lektoren, Übersetzer, Hörbuchsprecher und Illustratoren) ihre Dienstleistung an, um Manuskripte zu verbessern oder die Vielfalt zu erhöhen. Autoren vereinbaren unabhängig von tredition mit Literatur-Partnern die Konditionen ihrer Zusammenarbeit und können gemeinsam am Erfolg des Buches partizipieren.

Das gesamte Verlagsprogramm von tredition ist bei allen stationären Buchhandlungen und Online-Buchhändlern wie z. B. Amazon erhältlich. e-Books stehen bei den führenden Online-Portalen (z. B. iBookstore von Apple) zum Verkauf.

Seit 2009 bietet tredition sein Verlagskonzept auch als sogenanntes "White-Label" an. Das bedeutet, dass andere Personen oder Institutionen risikofrei und unkompliziert selbst zum Herausgeber von Büchern und Buchreihen unter eigener Marke werden können.

Mittlerweile zählen zahlreiche renommierte Unternehmen, Zeitschriften-, Zeitungs- und Buchverlage, Universitäten, Forschungseinrichtungen, Unternehmensberatungen zu den Kunden von tredition. Unter www.tredition-corporate.de bietet tredition vielfältige weitere Verlagsleistungen speziell für Geschäftskunden an.

tredition wurde mit mehreren Innovationspreisen ausgezeichnet, u. a. Webfuture Award und Innovationspreis der Buch-Digitale.

tredition ist Mitglied im Börsenverein des Deutschen Buchhandels.